# 实验思考

## 从0到1的产品、服务、商业模式创新方式

［日］光本勇介 著

吴伟丽 译

実験思考

世の中、すべては実験

一个看不到未来、无比混沌的时代或许对于普通人来说会是让人不安的，但对于拥有实验思考能力的人来说却是一个最有意思的时代。正因为时代在变化，所以对于实验者来说，这就是一个绝好的机会。即便失败了，那也只是通往成功的一个过程而已。因为是实验，即便不像假设的那样，也会让我们明白一个结果：那不是社会的大方向。基于此，本书详细讲述了至今为止作者进行过的"实验"，以及作者所主张的"实验思考"，从而鼓励更多的人要去进行"实验"，尽情地享受人生。

Original Japanese title: JIKKENSHIKO YONONAKA, SUBETE WA JIKKEN Copyright © Yusuke Mitsumoto 2019 Original Japanese edition published by Gentosha Inc. Simplified Chinese translation rights arranged with Gentosha Inc. through The English Agency（Japan）Ltd. and Shanghai To-Asia Culture Co., Ltd.

本书由 Gentosha Inc 授权机械工业出版社在中华人民共和国境内（不包括香港、澳门特别行政区及台湾地区）出版与发行。未经许可的出口，视为违反著作权法，将受法律制裁。

北京市版权局著作权合同登记 图字：01-2020-0968 号。

## 图书在版编目（CIP）数据

实验思考：从 0 到 1 的产品、服务、商业模式创新方式／（日）光本勇介著；吴伟丽译.—北京：机械工业出版社，2020.5
ISBN 978-7-111-65272-4

Ⅰ.①实… Ⅱ.①光… ②吴… Ⅲ.①商业模式-研究 Ⅳ.①F71

中国版本图书馆 CIP 数据核字（2020）第 057026 号

**机械工业出版社**（北京市百万庄大街 22 号　邮政编码 100037）
**策划编辑：坚喜斌　　责任编辑：坚喜斌　李佳贝　刘林澍**
**责任校对：孙丽萍　　版式设计：张文贵**
**责任印制：孙　炜**
保定市中画美凯印刷有限公司印刷

2020 年 6 月第 1 版·第 1 次印刷
130mm×187mm·5.875 印张·1 插页·77 千字
标准书号：ISBN 978-7-111-65272-4
定价：49.00 元

| 电话服务 | 网络服务 |
| --- | --- |
| 客服电话：010-88361066 | 机 工 官 网：www.cmpbook.com |
| 　　　　　010-88379833 | 机 工 官 博：weibo.com/cmp1952 |
| 　　　　　010-68326294 | 金 书 网：www.golden-book.com |
| **封底无防伪标均为盗版** | 机工教育服务网：www.cmpedu.com |

# 序　言
## 所有的商业都是"实验"

**对我而言，所有的商业都是"实验"**

我尝试把自己的想法和假设投入"社会"这个烧杯当中，想看看会绽放出怎样的烟花，会产生怎样的"化学反应"。如果产生了前所未闻的新事物，或做了一件从未有人做过的事情，我只是单纯地觉得这很有趣！很多人只是在心里想："这样做的话，结果会怎样呢？""那的确是一件有趣的事！"导致很多事情都没能实现，其实尝试去做的话，会非常有趣。

作为一位创业者，我涉足过很多行业，但是说实话，我从没有想过要"成名"或"扬名于世"。当然，在实验成功后，或许其结果会让我赚到很多钱，但是作为我个人来讲，我只是想看一看"实验的结果"。

## 让眼前的物品瞬间变成现金的 App

2017年，我开发了一款名为"CASH"的App，简单地说，就是让眼前的物品瞬间变成现金。

只要在该款App上传衣服、鞋子或箱包的照片，瞬间就能显示出其价格，并将金额打入用户的账户。它的原理和"收购服务"一样，拍下物品的照片就能变成现金入账，这给人们带来了很大的冲击，该App一经发行，便在社交媒体上引起了人们的广泛关注。大家都开始将眼前的物品变成现金，仅仅几个小时我们公司就支付了3.6亿日元。由于太受欢迎，导致当日深夜不得不停止服务。

为什么要开发此款App呢？因为我想知道如果撒下1亿日元，结果会怎样？当从公寓屋顶撒下1亿日元现金时，到底有多少人会将现金收入自己的囊中？又有多少人会把捡到的钱还给站在屋顶上的我？这样的结果太让我好奇。我想实验一下，当我撒下钱后，世人会有怎样的反应？我想充当一次"黑客"，看看不一样的风景。我太好奇："这样做会发生怎样的化学反应呢？""这个社会会变成什么样子呢？"

人有很多想法，但都不会轻易去做。我喜欢行动，我想："那我就自己做！"

其实，我并不怎么看重结果。试着在大家面前做实验，想看看人们到底会有怎样的反应，这种想法更为强烈。

## "失败"成为仅对自己有益的价值

经常有人会问我："只要将照片发过来，就支付给对方现金，难道你不害怕被骗吗？"我并不是"为了想成功"才这样做的，只是在做一个实验而已，所以才会毫不惧怕。

关于CASH提供的这项服务，最初我们的预算是1亿日元，我想给1万个人每人撒上1万日元，如果能做到，就能达到这一预算金额，就能知道"给社会投入1亿日元会产生什么结果"，这一结果对我来说非常有价值。

花费1亿日元，就能获得"只有我才知道的商业信息"。并且我的好奇心也会得到满足，也可以将该结果运用到下一次商业活动当中。如果碰巧该实验的结果如自己所愿，那就最好不过了。当然，我并不会胡乱地展开实验，我的假说是"社会的大方向是在往这边发展"，我认为"人们应该会追求这样的东西"。

当然，既然是"实验"，就会有失败。

不过，即使失败，这也只是"方案B"。因为能获得作为方案B的商业信息，所以1亿日元并不算血本无归。"尝试"本身对他人也会有其价值，所以即使失败，也是有很大价值的。

即使实验失败，我也能认同。失败并不意味着白费功夫，它也会让我得到一个"实验结果"，这就是其"价值"所在。

我这样说，一半是玩笑话，一半是真心话。我曾这样想："失败了，就当成此后3年里喝酒时的谈资吧。"所以，"好，没关系！"带着这一心情，我开始了实验。

## 按照"实验思考"的想法活着，这是一个最让人开心的时代

我想一直把实验进行下去，如果能实现"销售上涨""扭亏为盈"，这自然令人高兴。不过，当人们开始问我："那项服务做得如何？""赚钱了吗？"的时候，我又会想进行一个更大的实验，放一个更大

的"烟花"。我想做出一些前无古人的惊天创举来，成为大家议论的话题，我希望能当一名这样的"实验家"！

我一直想"创办大众服务"，即创办让尽可能多的人使用、受欢迎的服务。我的公司与互联网相关，在我有生之年，我想创办世人尽知的服务。不过，如果不是爆炸性的、疯狂的创举的话，在我看来就是一个错误。我真的很讨厌别人说"啊！竟然有这样的东西"。最坏的后果，即失败得一塌糊涂，我希望也会有人认为："这真是一个新挑战啊！"

我对那些大多数人都能成功、受到人们认可的行业并不感兴趣。沿着诸多前辈的成长轨迹去创业，即便能赚钱，也并不是件开心的事。

我喜欢别人说我"疯了"，这让我非常开心。我的公司的宣传册和官网上也写有"让我们做疯狂的事情吧！""彻底摆脱不是 0 就是 100 的极端思维方式!"因为这才是最有趣的事情。

本书将详细讲述至今为止我进行过的"实验",也就是说,到底什么是"实验思考",以及今后我想要进行怎样的"实验"。

当今的时代被称为一个"看不见未来的时代""大变革的时代",对于那些害怕挑战和失败的人来说,这也许是一个恐怖的时代,担心"明天会变成什么样子"的他们必须在战战兢兢中度过每一天。

但是如果按照"实验思考"去生活,这就是一个最让人开心的时代。正因为时代在变化,所以对于实验者来说,这就是一个绝好的机会。即便失败了,那也只是通往成功的一个过程而已。因为是实验,即便不像假设的那样,也会让我们明白一个结果:那不是社会的大方向。

包括事业在内,社会上所有的一切不去尝试就无法知道结果。如果是这样,索性不如一直站在击球区，不停地挥动球棒，从经验当中得到诸多收获。运气好的话，说不定就能打出一个本垒打来，"尝试"这一精神非常重要。

本书如果能够让尽可能多的人去进行"实验"，尽情地享受人生，对我来说就是最好的回报。

# 目 录

序言　所有的商业都是"实验"

## 第1章　我曾做过这些"实验"——STORES.jp、CASH的诞生 / 001

去除所有固有观念 / 003

第一次使用互联网赚钱 / 005

翻译众包、留学咨询 / 008

我不立即创业，先就业的理由 / 011

进入外资广告代理店工作 / 014

进入不录用应届毕业生的公司的战略 / 016

给20个邮箱地址发邮件 / 018

在广告代理店主管奥迪广告业务 / 020

"租车需求"不断上升 / 022

从未因为缺少创业项目而苦恼 / 024

为时过早的汽车共享业 / 026

市场选择和时机才是王道 / 028

2万日元存款余额 / 030

"STORES. jp"的诞生 / 034

与其他服务发布后的反响全然不同 / 036

接受梦寐以求的"TechCrunch"的采访 / 038

服务的"选择"与"集中" / 040

与ZOZO公司前泽社长会面 / 042

作为一个"创业者"生存下去 / 045

创办以金钱为主题的服务 / 048

仅仅只是预支钱款,就能受到欢迎 / 051

"撒钱"型商业 / 052

CASH的诞生 / 054

24小时撒了3.6亿日元 / 056

次日清晨,送来了3卡车包裹 / 059

"CASH"的赚钱机制 / 062

想从事"信任所有人"的商业 / 064

基于"性善论"的服务 / 067

被DMM收购 / 069

离开DMM集团 / 072

## 第2章 我的"实验思考"的全部——疯狂的商业的由来 / 075

社长最好不要太忙 / 077

记录从"第1军团"至"第3军团"的点子 / 080

如何具备良好的商业感觉 / 082

尽全力去过"普通的生活" / 084

不放过"违和感" / 087

不做不擅长的,只做擅长的 / 090

只思考富有创造性的事物 / 093

不当"互联网人类" / 095

让用户在联谊会上受欢迎的服务 / 098

不相信别人的评价 / 100

"时机"是创业的生命 / 102

寻找"偏差快达到极限的行业" / 105

找到大市场 / 107

改变旅游业"手续费型商业模式" / 108

世间充满可能性 / 111

"表达形式"决定了市场的广度 / 113

CASH 只是一款"收购"App / 115

拥有备受信赖的设计师 / 117

使用后如果感觉不好,则放弃 / 119

如何改变"世界观" / 121

"STORES.jp"赢在它的"呈现方式" / 122

将不需要的东西"删减"到极限 / 124

# 第3章 我想进行这样的"实验"——我所设想的未来预想图 / 127

今后的社会将会发生怎样的变化 / 129

金钱不再是一切 / 131

开发"关于价值的谷歌翻译" / 133

在各行各业进行"实验" / 135

让癌症筛查变得更简便 / 136

让保安服务变得大众化 / 138

定制业会不断发展 / 140

餐饮·零售业如果能够实现金融化，会更赚钱 / 142

工资预支服务"WORK" / 145

新形式的消费者金融 / 147

向办公场所推广新干线的小推车销售形式 / 148

免费午餐的实验 / 150

"思考停止"的时代会逐渐形成 / 152

"衣食住行"将免费 / 155

娱乐业会变发达 / 157

人将分化成为"所有人"和"非所有人"两类 / 159

消除"车主"这一概念 / 160

不进行"实验"的话，就太可惜了 / 163

**结束语——钱还远远不够** / 165

钱越用越多 / 167

BANK 今后的发展规划 / 169

今后仍将继续进行"大跌眼镜"的实验 / 171

# CHAPTER ONE

第 1 章

**我曾做过这些"实验"**
**——STORES.jp、CASH 的诞生**

# 第1章
我曾做过这些"实验"——STORES.jp、CASH的诞生

## 去除所有固有观念

我会去除所有的"固有观念",然后再进行思考。一旦要顾及所有常识,就会想:"原本应该是怎样的呢?"或许,其实从一开始就没有什么常识……

我的10岁至18岁是在国外度过的,我父亲是东海大学的教授,因为他的工作关系,我们全家曾住在丹麦。父亲在丹麦的日本学校教高中体育,我没有在日本学校就读,上的是当地的一所学校。我现在所拥有的思维方式、价值观和眼界的高度都是在这段海外生活期间养成的。

来丹麦后，过了4年，我们全家准备回日本。父亲对14岁的我说道："我们要回日本了，你想和我们一起回去，还是一个人留在欧洲？"那年我读初中3年级，回日本的话，要考高中，因为我读完小学4年级后，就离开了日本，已经跟不上日本的课程进度，汉字也不会写了。当时我上的是国际学校，才刚刚开始学英语，一切都才刚刚开始，所以我觉得："一个人留在欧洲也不错。"于是我决定一个人留在了欧洲。在欧洲生活的最后4年，即从14岁到18岁，我远离父母，一个人住在英国学校的宿舍里。身边只有寥寥几个日本人，就这样我度过了平淡的高中生活。

就在那时，我与互联网相遇，让我深切感受到了互联网的可能性和趣味性。

# 第 1 章
我曾做过这些"实验"——STORES.jp、CASH 的诞生

## 第一次使用互联网赚钱

英国高中的暑假有 3 个月的时间,这期间我会回日本,因为我在日本没有朋友,所以非常空闲。一般大家都会在暑假打工,我每天早晨 5 点起床去原宿。我当时住在神奈川大矶的海边,到原宿坐电车要花 2 小时左右。

当时非常流行 A BATHING APE、UNDERCOVER 等"里原宿"㊀知名品牌,现在由于互联网的普及,

---

㊀ 日本东京都涩谷区神宫前到千驮谷之间一带的地名,以时装街而闻名。

很多品牌都可以轻而易举地买到，但是在那时，这些品牌只在原宿才有。

那时我早上7点半开始在A BATHING APE等店家门口排4个小时的队，等到12点钟店家开始营业。店门一打开，我就在5分钟内买花25000日元买5件5000日元一件的T恤，然后离开店火速赶往家中。

下午2点左右赶到家，然后上网。当时还没有雅虎拍卖、乐天等网购网站，我在"BBS"的"第2频道"电子布告栏上发布商品信息，征集购买者。当时网速很慢，无法上传图像，只能通过文字描述花纹、尺寸，诸如"中号蓝色T恤，胸前有一只猴子头"。与有意购买的人发邮件联系，交易谈妥后就去邮局把商品寄出。那时因为我每天都去邮局，我的父母可能都觉得我很奇怪。

购入的5件T恤，以每件加价2万日元的价格出售，所以1天就能赚10万日元。每天往返原宿，寄送商品，虽然那时的我还是个高中生，但是每个月能赚150万日元。卖木村拓哉在电视上穿的同款T恤、在杂志上刊登广告、给购买者邮寄广告，想各种办法销售，销售额也会日益增长。素不相识的人购买自己的商品在现在是很普遍的情况，但是在当时非常少见。卖东西的经历让我体验到乐趣，当时只是单纯地觉得互联网真是厉害！

## 翻译众包、留学咨询

回到日本读大学后，我在网上召集日本译者，并建立译者名单库，现在这被称为"翻译众包"。在互联网普及前，在各地有很多这样的人：他们有一份正式工作，但尚有兼职余力。于是，我在译者聚集的网站公告栏上发布消息："提供翻译工作""想兼职的人请通过此邮箱地址与本人联系"。想兼职的人很多，邮件纷至沓来。于是，我将素未谋面的100个人的名字、TOEIC㊀的分数、翻译经历等信息制作成

---

㊀ 国际交流英语考试，针对在国际工作环境中使用英语交流的人们而指定的英语能力测评考试。

Excel表格数据库。

此外，我会制作一个网页，其实只有我一个人，但看起来好似一家出色的翻译公司的主页。现在企业拥有自己的主页已经司空见惯，但是在那时根本没有企业拥有主页。所以，只要制作了这样一个主页，检索"翻译"这一关键词的话，该主页就会第一个出现。于是，大名鼎鼎的大企业也给我发来了令人惊喜的大规模委托翻译业务。

我把大型委托翻译任务分割成15或20份，再委托给素未见面的20个人去做，要求他们1周内翻译完。1周内再把大家翻译完成的内容重新整合后发给企业。500万日元的委托翻译工作，以300万日元的报酬分包出去，可以赚200万日元。现在被称为"众包"的这一委托工作形式，我在大学时就已经在做了。

我还做过留学中介，当时留学的人很少，但我认为今后会逐渐增多。当很多人萌发出"想留学"这样的念头时,却不知道具体该怎么做,也不知道该向谁咨询,当时信息并不像现在这么丰富。于是,我制作了一个主页,在主页上放上30个有留学经验的咨询人员的信息,因为我觉得向有留学经验的人咨询是最让人放心的,会有市场需求。我还制作了一个网站进行宣传:"可以向他们咨询,留学也可以定制。"在加价20%后,再将留学手续咨询业务承包出去。留学方案定制作为一种商品,其"单价"不菲,因此可以赚不少。

# 第 1 章
我曾做过这些"实验"——STORES. jp、CASH 的诞生

## 我不立即创业，先就业的理由

我在读大学的时候，通过创办翻译众包和留学咨询赚了钱。在大学毕业时，刚好碰上"创业潮"，那时涩谷被称为"比特谷"。

我梦想着也能像活力门（Livedoor）的创办人堀江贵文、CyberAgent 的创办人藤田晋等知名创业者那样创业。我在电视上看到活力门收购富士电视台，觉得通过互联网做大生意的创业者们都非常酷。

对我影响很大的一个创业者是藤田晋，我第一次读他写的《在涩谷工作的社长的告白》一书时，受

到了很大的震撼。我也兴冲冲地想创业，当时我的收入已经超出了一般大学毕业生的起薪，觉得再去当一个普通公司职员这种选择是错误的。我抱着创业的想法，参加了各种组织和活动，我曾向一个上市企业的社长提出"共进午餐"的请求，没想到社长竟然答应了。现在想来，一家上市企业的社长能为一个大学生抽出时间，真是十分感激。

吃午餐的时候，我意气昂扬地说道："我想创业！"社长这样对我说："现在创业的话，的确可以少走弯路，我觉得这是一个非常好的选择。但是创业的话，也会和大企业做生意，你是否了解大企业的工作方式和工作内容，对做生意来说是完全不一样的。因此，我觉得先进入这种大公司，学习2到3年后，再创业更有价值。"

我听后觉得非常有道理，因为那时我对这点感触非常深。只是作为一个大学生的我"装扮"成翻译公司，虽然收到了大企业的委托业务，但是不懂商务邮件、请款单、估价单的写法，也不懂打电话时的说话方式。即便会开展业务，但不懂作为一个职场人的待人接物，也曾错失工作机会。"如果我就这样创业了，这些东西可能一辈子都没有人会教我。"想到这里，因为我希望自己将来能和大公司做生意，所以觉得最好还是要对大公司有所了解。

## 进入外资广告代理店工作

于是,我决定先就业。在选择公司的时候,我想:最好能去看一看各种公司,例如咨询公司、金融公司等不同公司的内部商业运作。另外,我喜欢创意和设计。于是,我进入了"Ogilvy & Mather(Japan)"外资广告代理店,这是一家世界排名数一数二的大型广告代理店。

我为什么会选择外企呢?日本的广告公司从事的是"媒体销售",即出售广告登载媒体,获取手续费,就像是广告业的中介。而国外广告公司市场营销的色彩很重,因为不拥有媒体,所以其工作形式如同律师一样"销售时间",按时计费,可以从"为客户服务的市场营销"这一视角展开工作,而且使用媒体也由广告公司来选择。由于两者有这样的区别,所以我觉得去外资广告公司更好。入职后,如我所愿与矿泉水公司、航空公司、汽车制造公司等不同类型的公司展开业务,工作非常开心。这让我明白了公司赚钱的多种运作形式,非常有意思,我在这家公司工作了三四年。

## 进入不录用应届毕业生的公司的战略

我供职的这家外企是不录用应届大学毕业生的,但是我觉得只有这家公司适合自己,虽然我也尝试过应聘其他公司,但还是想进这家公司。

虽然,这家公司不录用应届大学毕业生,但我还是给他寄了简历。果然,寄了7次都被拒绝。前面3次收到人事部"不录用应届大学毕业生"的回绝邮件,我还是不罢休,后来的3、4次直接把简历送到或寄给人事部,依然以各种理由被拒。最后我想:"还是直接与社长谈更简便。"于是,我决定直接与社长联系。那时,因为我已经提交了7次简历,人事

## 第 1 章
我曾做过这些"实验"——STORES.jp、CASH 的诞生

部已经记住了我。但是,社长很可能并未看过我的简历。于是,就像与社长事先预约好了一般,我来到公司接待处。接待处的女性工作人员并不认识我,于是帮我查阅了社长的时间安排,并为我接通了电话。因为那时社长外出了,女性工作人员告诉我:"社长现在不在。"我装作很疑惑的样子问道:"真奇怪!我事先预约好了的,怎么回事?"然后把简历递给她,说道:"社长让我把这个带给他,能请您转交一下吗?"她听说是社长让带来的东西,肯定会为我转交。

## 给 20 个邮箱地址发邮件

就这样，我的简历成功地送到了社长的手中，但是社长看到我的简历，肯定会感到莫名其妙，所以我想应该好好跟社长解释一下让工作人员转交这份简历的理由。

我想给社长发邮件，但是不知道邮箱地址，不过邮箱地址一般都有固定格式。那时的社长是一个英国人，我就把他的姓和名字组合起来，拼凑成 20 个邮箱地址，各发了一封邮件。邮件内容大意是："很抱歉突然给您发来这封邮件，我很想在贵公司工作，所以委托工作人员向您转交了这份简历。哪怕起初没有报酬，我也愿意，请让我接受面试吧！"其中19封邮件被退了回来，也就是说有1封邮件发送成功。第二天，我收到了人事部打来的面试电话，就这样我顺利进入了这家公司工作。

进入这家公司后，我拼命努力工作，工作时间估计是我这一生工作过的企业当中最多的。我几乎不怎么回家，每天都干得非常开心。因为是外企，工作有了成绩，就会得到肯定，也会得到很多物质奖励。我的团队也增加到20多个人，最后广告客户奥迪公司的数十亿日元预算几乎都由我一人运作。

## 在广告代理店主管奥迪广告业务

如前所述，我在这家广告代理店最后主管的一个业务是奥迪汽车广告，每年运作数亿日元的预算，开展了各种市场营销和广告宣传活动。但是，由于受到美国雷曼公司倒闭的影响，汽车市场极其萧条。不仅仅是奥迪汽车，包括日系汽车在内，各品牌都卖不动。所有汽车公司的销售量都比上一年减少了50%，境况十分惨淡。当时我只是作为一个广告人客观地看待汽车销售艰难的经营状况。

我非常纳闷："日本到底有多少辆汽车呢？"因为我工作的这家公司是一家市场营销型公司，所以手中有各种信息和数据。经查阅，日本有6000万辆家用汽车，没想到竟然有这么多！我想：既然已经有这么多车了，就没必要再卖车了。

包括孩子和老人在内，当时日本的人口是1亿2000万，但是汽车竟有6000万辆。经计算，会开车的人基本每人拥有一辆汽车。如果这些车一直在用的话，这还能理解。但是，假设汽车1天开满24小时的使用率为100%，日本汽车的平均使用率只有3%，也就是说，24小时里面大约97%的时间，车是停在停车场里的，日本大约有6000万辆汽车在97%的时间里处于不使用状态。

## "租车需求"不断上升

整个日本原本可以有效利用的约6000万辆汽车,却处于"停放"的状态,我想:与其销售新的汽车,不如将这些停放的汽车加以利用。那么,"谁会想使用这些车呢?"答案自然是:"那些想借车的人。"

于是我查阅了汽车租赁市场,由于受到美国雷曼公司倒闭的影响,汽车租赁需求一直处于上升状态,租车需求越来越多,越来越多的人觉得买车门槛太高,还是想借车。

想借车的人有市场需求,又有这么多辆车处于停放状态，所以我想只要车主说"可以把车租出去"，那么那些想租车的人就一定会租。并且，如果以正常租车价格的一半价格就能租借到车，这个生意就肯定有胜算。

于是，我在网上做了一次市场调查，现在没有人会相信网上调查，我只在10年前对5000名左右的车主进行过一次问卷调查："如果车在你不用的时候能帮你赚钱，你会把你的车借出去吗？"结果，有大约20%的车主回答是"会"。这个数字到底是高还是低呢？我觉得非常高，只要5个人里面有1个人会把车租出去，那么6000万辆的20%，就超过了1000万辆。汽车租赁的平均租金是12000日元，假设一年以半价6000日元租借一次，就会形成相当规模的市场。这让我十分确信：要创业的话，就是"汽车共享"这一行业，所以我会想在这个行业做一次"实验"。

## 从未因为缺少创业项目而苦恼

我就业是为了将来能创业,在公司与各种广告客户打交道,也是为了寻找创业项目,不断积累创业的点子。最后,如前所述,我觉得"汽车共享有市场",于是就开始了创业。

从那时起,我就从未因为缺少创业项目而苦恼,什么时候创业?只是个时间问题。我一直都在记录一本"创业项目本",在与广告客户洽谈的时候,我会把自己觉得有市场需求的项目记录在"创业项目本"上,一直以来我养成了这样一个习惯。

我喜欢思考商业运作机制，没有行业限制，不管是房地产业，还是美容业。面对各行各业，我都会这样想："这个行业换成是我，我会这样去做。"我喜欢去思考，也喜欢去实验。

## 为时过早的汽车共享业

就是在这样的想法的驱动下,我创办了一家名为"布莱克特"的公司,从事汽车共享服务,10年前我就在日本率先从事汽车服务业了。不过,当时还为时过早。公司当时开展"B2C"(商业机构对消费者)和"C2C"(用户对用户)两种形式的业务。如果是现在的话,用户能够理解。比如说到爱彼迎、"共享汽车",大家都明白。如果按照现在人们的价值观和社会发展趋势,大家一定能够理解我开展的业务,但是在10年前却未必。

即使我们向用户解释"我们公司从事的是将自

己的车在不用的时候租给其他人使用这一业务",结果得到的回复竟然是:"怎么可能将自己的爱车借给别人开呢?""太愚蠢了吧,这怎么行得通?"

10年前还没有什么社交网站,于是我们推出了一篇"社会汽车共享服务"的新闻稿,但是几乎没有人理解我们的做法。当时,正是由于我相信"一定会有市场",所以涉足创办了"汽车共享业",没想到当时还为时过早。

## 市场选择和时机才是王道

当时,想要租车,只能去汽车租赁店。但是,假如汽车租赁业普及的话,再想租车的时候,用户就会面临"向汽车租赁店租"还是"向个人车主租"两种选择。这就是所谓的"社会发生变化",形成"新的市场"。通过自己的双手让社会发生变化,我对此非常感兴趣。虽说汽车共享在当时还为时过早,但是促使我去做的就是"尝试改变社会"这一想法。

我所涉足的一些创业项目都时机过早,开展个人汽车租赁业务,在当时是不合常理的。我还曾从事过鞋子定制、连衣裙定制等产业,但都没有做得风生水起。现在,"定制时代"终于到来,在这样的时代,与其勉强自己去穿旧衣物,不如在自己有想要的东西的时候,可以尽情地买,这在现在已经成为现实。

在当时,我并不觉得"为时过早",我也是进入了这个行业后,才明白市场选择和时机是很重要的。最近,我变得会刻意领先半步去思考问题。

## 2万日元存款余额

创业后,我曾把自己的存款投到公司,没想到存款花得比我预料的速度还快。以前我个人单干去"赚零花钱"的时候,没有固定支出。但是开公司要租办公室、雇员工,正式创办互联网公司后让我深切感受到:"用钱的速度是如此之快!"

我也考虑过去筹钱,但是由于当时美国雷曼公司刚刚倒闭不久,向风投企业筹措资金已经不太现实。风投企业都十分谨慎,不会为我们提供资金,因此只有投入自己的钱。

# 第1章
我曾做过这些"实验"——STORES.jp、CASH的诞生

布莱克特这家公司在创业初期从事5项业务，因为我想："下定决心后，就要立即去不断尝试进行实验。"我最讨厌事后后悔："如果那个时候做了那个项目会怎样呢？"当社会上出现了与自己想法相似的服务并取得了成功时，我会很不甘心："曾经自己也想这么干的。"

我觉得：实践后失败了，没有任何关系，比后悔没有做要好100倍。并且与成功相比，从失败中获得的东西要多得多，总之，只要做了就好。

当时所处的状况是"必须赚钱"，靠一个业务就能赚钱是最好不过的，但是不能仅靠一个业务去生存。于是我将业务数量增加到3个、4个、5个，"A业务赚一点，B业务赚一点"的话，公司的整体销售就上去了。

公司刚刚成立的时候，存款余额只剩下2万日元，不过那时我并不焦虑。因为我觉得："我擅长做

生意,即使公司经营不下去,我自己也可以单干。"正是由于抱有这一严肃的态度,不管做什么,我都能尽情施展。

自学生时代起,我就卖T恤、办留学中介,我对自己"会赚钱"这一点充满自信。万一公司办不下去,我可以单干,再不行就重新当一名公司职员,绝不会失业,我有这样的自信。

失业是绝不会发生的,我要全力以赴地去做自己现在能做的事情,我觉得"一切都是实验",对此乐在其中。不过,我倒是有过不安:"这个失败了的话,作为创业者来说就太失败了。"创业后很多年,我一直处于一种"低空飞行"的状态,我还是想"创办大家都能使用的服务",曾有一段时间我的心情真的如同"石沉大海",因为看不到正确答案,我曾想:"这个到底要干到什么时候呢?"一段时间内看不见起色,但"既然做了,就坚持做下去",那时就靠着这一信念支撑着自己。

现在，我见过各行各业的创业者，有很多人就像当时的我。但是现在的"资金环境"与我那时有着很大的不同，现在可以轻而易举地筹到钱，也可以给自己发工资。投资也变得容易，所以在这一点上来说，现在的环境很好。人们更加理解创业，即便是与众不同的创业项目，表示认同的人远比以前多得多。现在很多富有新意的创业项目都发展得很好，社会上弥漫着一种"大家不明白的东西才有价值"的氛围。以前"大家不明白的东西始终还是不明白"，但是现在这种项目根据市场预测以及对未来的看法，很多时候反而更能赚钱。

## "STORES. jp"的诞生

当我的存款余额只剩下2万日元的时候，STORES.jp开始步入正轨。不过，我没想到这个服务会受到用户们的欢迎。那时，由于习惯了"低空飞行"，为了维持经营，每天能有一些收入，于是萌发了"再创办一个业务"的想法，做生意不精打细算是不行的，所以当时的状况是："哪怕赚5万日元、10万日元也行"。

如果翻看STORES.jp当初的营业目标，真的会让人忍俊不禁，每个月的利润目标只有20多万日元。有人可能会认为利润只有20多万日元的话，怎么可能维持得下去？但我认为：如果其他业务有钱赚，"这个业务能再有20万日元利润的话，就能再雇一个人干活"。当时连我在内，公司只有5个人，4个员工里面有2个是应届毕业生。我录用应届毕业生的理由很简单，最重要的就是因为工资低。有工作经验的人工资太高，雇不起。想在想来，应届毕业就进入我的公司，真是一个相当大的挑战。

创业后，员工逐渐增多，但是总有几个人干了一段时间就辞职，人手还是不够。曾有一段时间，公司处于一种"保证销售额是为了雇到员工"的状况。STORES.jp是第5个业务，那时5个业务由5个人负责，诸如汽车共享这种成本很高的业务，也是由一个人负责，自然连接客户电话的人手都不够，问询服务全部通过邮件完成。

## 与其他服务发布后的反响全然不同

STORES.jp的创设过程是这样的,当时因为我在开"互联网公司",所以经常有朋友和亲戚向我要求:"我想把这个放到网上去卖,帮我开个网店吧!"但是,当时公司里人少业务多,虽然想帮他们开网店,但是太忙,实在是做不到。

因为从头开始做一家网店比想象的要麻烦得多,必须定制系统,找设计师设计,与银行卡公司签订协议,要花费很多时间和精力。所以无法用业余时间去做,但是又想帮助他们实现愿望。于是我想:"如果能推荐一款教他们怎么开网店的服务就好了。"不是

# 第 1 章
我曾做过这些"实验"——STORES.jp、CASH 的诞生

帮别人开网店,而是创办一个服务帮大家能够轻而易举地开网店,这应该会有市场需求。就这样,STORES.jp 应运而生。

STORES.jp 一经问世,其反响与其他 4 个业务截然不同,立即在社会上产生了轰动效应。发布几分钟后,人们就发现了它的"与众不同"。当时,刚刚开始使用推特的人很多,很多人转发"可以拥有自己的网店"这个消息我意识到"这就是我一直想要的反响",这也让我想起自己创业就是要创办许多这样让大家觉得了不起的事业。大家觉得了不起说明大家有这样的需求,正因为大家觉得方便,我们的服务改变了社会,所以才会引起轰动,让我觉得"终于给社会创造了有价值的东西"。

正如肾上腺素分泌会让人产生精神发泄的感觉,我第一次感受到作为创业者的成功体验,感觉超棒!并且,没有打广告做宣传,这一服务一经推出,世界就发生了突然的改变,也没有开发特别的技术,只是通过另一种呈现方式,世界因此得以改变。

## 接受梦寐以求的"TechCrunch"的采访

这一服务于 6 年半前的 2012 年发布,在互联网的世界里,六七年前已经是"很久以前"了。当时非智能型手机还是主流,用 iPhone 的人凤毛麟角。我的创业还属于"低空飞行"状态的时候,也曾妒忌过其他创业者,那些能够通过开发服务或产品改变世界的人,那些通过干一个实业、开发一个服务或产品得以生存下去的人让我羡慕不已。我必须开发各种服务产品,尤其是想拥有一个主打产品。

TechCrunch 是一个几乎所有与互联网相关的人物都会浏览的美国新闻网站,我一直梦想着有一天也能被刊登在上面。既然在互联网行业进行创业，我觉得至少应该被该网站介绍一次。STORES.jp问世后半年左右，我终于如愿登上了该网站。当该网站与我联系要采访时，我十分激动："这一天终于到来了！"终于如愿以偿地登上了TechCrunch，那份喜悦之情我至今依然记忆犹新。

## 服务的"选择"与"集中"

STORES.jp 大获成功后,我便想:"要集中全力把它办好。"我放弃了当时经营的鞋/连衣裙定制、模特匹配式服务㊀等一半业务。虽然我觉得"共享行业今后会兴起""这个市场太大了",但是 STORES.jp 却经营得出乎意料的好,这让我认识到:"与其各种行业干得都不彻底,还不如腾出资源集中干一行。"

---

㊀ 匹配式服务(matching service)指通过人才招聘和开拓客户市场,实现最合适的客户维系关系。

# 第 1 章
我曾做过这些"实验"——STORES.jp、CASH 的诞生

最近几年,优步、爱彼迎等共享型服务得到了大家的认可,"这个概念很有价值"这一氛围在社会上慢慢弥漫。终于,我的服务也得到了大家的理解,让我深切感受到"商业环境并不是一夜之间突然形成的"。

## 与 ZOZO 公司前泽社长会面

8年前,我遇见了 ZOZO 公司的前泽友作社长。当时,我创办的"布莱克特"公司在从事连衣裙、鞋子的定制服务之前,也曾从事过模特匹配式服务,这是我从事的第二个服务,其服务网站是前泽社长为我寻找的。当时 ZOZO 公司已经上市好几年,发展势头强劲。模特匹配式服务发布后不久,我就收到前泽社长从联系平台发来的邀请。我当然知道 ZOZO 公司,但是没想到邀请竟来自于前泽社长,一看域名,的确是"Start Today"(当时的公司名)。

我与前泽社长见面时,他评价道:"你的这款服

第 1 章
我曾做过这些"实验"——STORES.jp、CASH 的诞生

务真有意思啊!"此后,他每年都会邀请我吃一次饭。STORES.jp 推出后,他评价道:"竟然能让用户简单地制作网站!"他还建议:"在 ZOZO 公司网站上开店的品牌当中,很多品牌都没有电子商务网站,要不我们合作开展介绍电子商务网站的业务,如何?"最初,我们开展的是普通的业务合作,即"由 ZOZO 公司向客户介绍 STORES.jp"。

那个时候,我们正想"融资",刚好出现了竞争对手,雅虎也实施了免费化,那个时期被称为"第二次电子商务战国时代"。竞争对手筹资几亿日元,而我们用的是自己的钱在经营,手头根本没有多余的钱。因为担心公司会破产,所以正准备融资。就在这时,我遇见了前泽社长。于是,我对他说:"与其我们进行业务合作,不如给我投资,把业务做得更大些!"他听后说道:"真的吗?你想融资?"因为他知道我一直都是在用自己的钱,所以当他听说我想融资,难免会有些吃惊,当场他便提出进行 100% 并购,为了今后事业的发展,我当机立断,同意了他的

方案。

我记得很清楚,由于我们的日程安排不一致,于是约定了一个周六在千叶市幕张会面,中午双方谈妥并购事宜,周日就进行了企业并购。由于我持有公司100%的股权,所以双方能很快做出决断。

# 第1章
我曾做过这些"实验"——STORES.jp、CASH的诞生

## 作为一个"创业者"生存下去

自从公司被ZOZO公司并购后,我不再涉足其他服务,专心致力于STORES.jp的运营,我想把它打造成日本第一乃至世界第一的电子商务平台。我在ZOZO公司的团队工作了3年左右。在这期间,从一些数据就能够切实感受到它的顺利发展,例如事业规模、利润、销售额、用户数等几乎所有的数据在3年内增长了10倍,以这种势头继续发展下去应该也没什么问题。

通过在ZOZO公司近距离地观察前泽社长,我还是想凭借自己的力量创办一个与ZOZOTOWN一样的

电子商务网站，我下定决心再次作为一个创业者去面对挑战，创设一个大众服务类电子商务网站，于是我决定离开ZOZO公司。

STORES.jp发展顺利，也有了利润，但是它属于"库存型"经营，要不断增加店铺，以对库存进行消化，不会一夜之间取得爆炸式效应。所以要将其做大做强，要花相当长的时间，它需要精心运营，才能慢慢成长壮大。

而"时间"是我拥有的最有价值的东西，我想有效利用好时间，去面对挑战，创设一个大众服务类电子商务网站。有比我更擅长经营STORES.jp的人，所以我想将其委托给他，此人就是早在STORES.jp创办前就与我一起共同努力的塚原文奈，所以我选择了"准备开创新的事业"这条路。

当我决定离开ZOZO公司的时候，对接下来要创办的服务并没有什么构想，也没有决定要干什么，只是想要干一番新的事业。但左思右想也没有结果,"干什么好呢?""做一个什么实验呢?"半年时间,我处于一种摇摆不定的状态。

从过去的经验当中,我懂得了"市场选择"和"时机"很重要。虽然我觉得随便什么方向都可以创业,但是研究各种市场后,我还是打算选择"适合当下时机的事业"。我细心地进行市场调查,和各种人吃饭聊天,在亚马逊上不停地购买自己感兴趣的书来读。

## 创办以金钱为主题的服务

"现在这样的时机,应该从事什么主题的商业呢?"我思考后的答案是"金钱"。我认为:"当下金钱这一主题非常有意思。"

社会终究要依靠"经济"运转,并依靠"金钱"来推动其发展,不得不承认的一点是,"人们想要获得物质或服务就必须花费金钱"。赚不到钱的话,什么也干不了,钱在生活中必不可缺。

现在,随着虚拟货币、数字货币等的兴起,"金钱"的概念正在发生着戏剧性的变化,在这样的经济背景下，从事以"金钱"为主题的商业活动应该是最有趣的。

以金钱为主轴，对各种行业进行观察后，我发现"消费者金融"这个行业没有升级。具体表现在：需求在扩大，市场却在变小，可以说这个行业根本就不健全。而且我听说大家对这个行业的印象太糟糕，据调查，7人中只有1人是20岁以上的消费者金融用户。

对于这一数据，有的人会认为：7个人当中只有1个人在使用，而我则认为：其他6个人也有"金钱"方面的需求，所以我想创办一个服务，可以轻松地为这些人提供金融服务。

我并没有瞄准那些已经在使用消费者金融的人群，因为他们是一群有勇气使用自动签约机的人。在需要钱而又没有勇气使用自动签约机的6个人当中，如果我的服务能让其中3个人使用，我觉得就一定有市场需求。

这个社会上的人都需要钱，这是一件理所当然的事，即便不是什么大数目，哪怕只是很少的钱，几乎所有的人都会有满足感。而且"立即兑现"这一点非常有魅力，这是我在创办STORES.jp时的发现。

在STORES.jp上，我们为数十万个店铺提供决算服务。所有店铺的销售都要经过我们公司，以"月底结算"这种形式在"次月月底"将店铺的销售款打给店主。因此，店主必须等待一个月才能得到销售款，店铺越小，店主越是想尽早获得销售款。因此，我们在店主的管理页面上设置了"快速兑现"这一按钮。只要点击这个按钮，第二天钱就能入账。不过，需要收取3.5%的"提前支付手续费"，3.5%的手续费并不少，但是这一按钮设置后，获得了超高的点击率。

这让我意识到："这个社会上的人们是如此想尽快得到现金。"哪怕金额不多，哪怕要花手续费，人们也想能立即得到现金。

# 第 1 章
我曾做过这些"实验"——STORES.jp、CASH 的诞生

## 仅仅只是预支钱款,就能受到欢迎

我为何会想到"快速兑现"这一支付方式呢?我也曾花自己的钱去创业,所以必须思考各种赚钱方式。那时我就想:预支钱款的话,应该会有人感到高兴吧,没想到竟会有这么多的人使用这一支付方式。这并不是件很难的事情,只是提早一个月支付钱款而已。我们只要稍微忍受一下资金流动的不便,就受到了用户们的欢迎,而且我们也从中受益。

谁都会有缺钱的时候,有的人一个月会点击这个按钮 15 次。仅仅只是预支钱款,就能使公司获利,也满足了用户的需要,这真是一个让人惊喜的发现。

## "撒钱"型商业

我注意到"哪怕金额很少,希望立刻兑现"这一需求,当我看到二手物品交易网站 Mercari 如此受欢迎,我更加确信,小额信贷有市场需求。

现在,国内大约有 8000 万用户下载了 Mercari 的 App,几乎所有的国民都在使用,为什么这么多的人会用 Mercari 的 App 呢?理由很多,但是我认为绝大多数的理由都是"想要得到钱"。

那么,大家在 Mercari 上赚到了多少钱呢?以前 Mercari 上的平均销售单价是 3000 日元 ~ 4000 日元。

为了赚到这点钱，人们做着如此麻烦的事情：拍摄漂亮的照片、为了出售进行价格交涉、接受顾客的问询、写文章……物品卖出后，包装不够漂亮的话，店铺好评率还会下降。而且店主不能立即拿到钱，必须先发出"收款告知"，然后进行"转账申请"，"转账申请"结束后，根据情况还必须等1周以上。

流程如此麻烦，店主的收款也只有3000日元左右，却有8000万人为了收到3000日元大费周章。我想：能不能创办一个立即就能支付现金的服务，然后再以某种形式对资金进行回收呢？

我对"先支付给客户现金，然后回收资金"这一服务形式进行了多方探寻。总之，我要先撒钱，如果能做到回收资金，就能成功！

## CASH 的诞生

通过经营 STORES.jp 以及对 Mercari 进行分析，我得出了一个理论性的想法："只要缩短兑现流程，就能成功。"能否创办一个类似于"Mercari 快速兑现"的服务呢？在这一想法的驱动下，"CASH"应运而生。

这是一个能让眼前物品变为现金的 App，只要用 iPhone 手机给眼前的物品拍照，就会显示出其价格，现金就会立即打入账户，无须像 Mercari 那么麻烦。

CASH 的基本操作如下：首先用户在 App 上选择

"现金化物品"的品牌以及商品类别,然后给物品拍照。接下来App就会显示"审核价格",如果用户认为这个价格可行的话,该金额立刻就会打入用户的App账户中,此时除了"SNS认证"外,不需要其他任何审查和手续。打入用户App账户中的金额,可以在银行或便利店领取。然后,用户将拍照的物品寄给CASH,如果无法寄出物品,就必须在2个月内,连同手续费在内将该金额全额退还。

这款App发布后,很多人说这是一款如同"现代版当铺"的服务。我萌生创办CASH这一想法的时候,并没有想到它会成为人们的热议话题。虽然我想它可能会造成一定的影响,但是我并不是很确信。包括CASH在内,我们几乎没有做过宣传,只是进行了新闻发布这一最低限度的推广工作。媒体的采访报道对于App来说关系不大。只要至少有一两家公司能为我们推广就可以了,真正起决定作用的是App的趣味性、新颖度、市场需求以及能否推广开来。

## 24 小时撒了 3.6 亿日元

CASH 发布后,在 SNS 上引发了爆炸性的关注。说实话,我真没想到它竟能受到如此程度的关注,它果真成了一个热议话题。在电脑上可以实时观测到它的使用状况,梦寐以求的事情就在眼前发生,我兴奋极了。

每当用户拍照登录后,CASH 就要支付金额。看着公司 1 亿日元、2 亿日元、3 亿日元的钱花出去,我想这个数字还会增多。社员们开始担心:"钱已经支付出去太多了,不会有问题吧?"尽管我也有恐惧感,但同时也感受到"不停撒钱"的快感和可能性。

## 第 1 章
我曾做过这些"实验"——STORES.jp、CASH 的诞生

当支付金额达到 3.6 亿日元的时候,我开始有些害怕了:"这可不妙啊!"在 CASH 发布次日凌晨 1 点钟的时候,我们紧急关闭了服务。

在一天之内(实际上为 16 小时),我们撒钱金额总计达 3.6 亿日元,这样的话,1 个月我们就需要 100 亿日元现金,这个数目对当时的我们来说实在无能为力,我们会支付不起这笔钱。万一钱撒完后一去不复返,也无法保证能回收,由于种种理由,我想还是关闭 1 次服务吧。

我们曾准备了 1 亿日元,这个金额不管是对公司来说,还是对个人来说都意味着不小的风险。最终却花了 3.6 亿日元,不禁让人感到战战兢兢。不过,我的心情是快感和恐惧各占一半,我能知道这是世界上谁也没有见过的实验结果,一想到这点我就兴奋不已。

CASH 是基于对用户的信赖,先把钱给对方,然

后对方完成了交易的话,生意才能做成。我害怕的是如果大家都不守信,该怎么办?当然我也相信"绝对不会所有的人都不守信"。到底会是怎样呢?我十分好奇。

这款App是按照可以接受不超过3成的用户不守信来设计的,即使100个用户里有30个人不守信,也可以经营下去。但是,我有一种莫名的自信:"不守信的人应该达不到3成。"

## 次日清晨，送来了3卡车包裹

凌晨1点钟关闭服务后，我筋疲力尽地回到家中。神经过分紧张，又有一些不安，所以CASH发布当日我感觉特别累，心里总想着："竟然撒了3.6个亿!"尽管是在网上撒的钱，但是全然不知钱是不是能赚回来？用户会不会将物品寄来？

第二天早晨8点半，疲惫不堪的我正在睡觉，突然被快递员的电话吵醒。

"您有包裹，现在能来办公室一趟吗？"

"什么？下午行吗？"我问道。

"包裹非常多啊！"快递员回答说。

我慌忙赶往公司一看，3辆卡车停在马路上，上面装有大量CASH用户寄来的包裹。就在那一瞬间，我感觉到："看来有戏了！"我不知道这些包裹占总数量的比例是多少，但是我的直觉告诉我："这生意应该不成问题。""人是值得信赖的！"虽然我也曾担心用户是否会完成后续交易，但是这让我感觉到"守信的人大有人在"，我终于能够安心，这次体验真是太棒了！

CASH成为一个热议话题，大量的物品被寄来，这是我始料未及的。"仓库怎么解决"等具体问题，我打算之后再去想。当时，我们租的是一套小公寓，那里肯定装不下这么多包裹，处理这些包裹，着实让我们辛苦了一番。公司的员工只有5人，但是包裹不断寄来，光是在发票上盖章就是一个工作量很大的活。每次快递员都会送来有词典那么厚的一叠发票，我好几次看到他们以极快的速度处理。在那之后，虽然我还是有些不安："这个生意真的能做下去吗？"但是，我始终坚信：会成功的。我想："不重新启动CASH业务的话，就太可惜了！"就是在"尝试撒1亿日元"这一大跌眼镜的想法的驱动下，我推出了这款服务，让我看到了社会的真理："想立即得到现金"竟然有如此之大的市场需求，"携款出逃"的人只有一小部分，大多数的人是可以信任的。这款服务让我看到了"人的本质"。

当然，因为我是一个创业者，我想创业成功。不过，我更想作为一个"实验家"，将自己的想法和假设应用到社会中去，从而了解人的真正面目，我觉得没有比这更有趣的事情了。

## "CASH"的赚钱机制

或许有人会这样想:"别人把不需要的东西寄来,难道不发愁怎么卖吗?"但是我们的确没有这样的担忧,因为物品会转化成金钱。

我在ZOZO公司干的时候,公司隔壁有一家名为"ZOZOUSED"的二手货流通公司。其实二手货流通市场整体上都面临着"想收购二手货却收购不到"的难题,这家公司也是如此,每家公司都想收购更多的二手货。我感觉二手货流通市场并没有完全成熟,相对于新品市场来说,它的规模还很小。因此,只要能收购到二手货,就会有很多买家,市场潜力巨大。

"物品"的价值远远超出我们的预计。CASH是一款收集物品的App，不管收集到多少物品，一定会有买主，因为"二手物品很容易卖"。收购到的二手货的销售对象既可以是"企业"，也可以是"消费者"，即使是"垃圾"，也会有买主，有时综艺节目的助理导演也会在CASH上搜寻二手物品。

另外，CASH的二手货参考收购价是二手货流通市场价格的三分之一。例如，如果在Mercari上路易·威登二手包的成交价是9000日元，那么我们会以3000日元收购价购入路易·威登的二手包。只要我们能以三分之一的价格收购二手货，那么我们的买主也就赚到了。

## 想从事"信任所有人"的商业

只要转变一个思路,世界就会以不同的角度展现在我们的面前。当大家都从上面往下看时,我则从下面往上看。大家觉得理所当然的事情,我会试着从零开始去思考:"一开始为什么会是这样的呢?"于是就会有意外的发现。现在几乎所有的生意都建立在"怀疑所有人"的基础上。如果能证明生意也可以建立在"相信所有人"的基础上,今后的生意就会有无限可能。

我想做改变世界的事情,与其说这是"理想",倒不如说是"实验",我想做谁也没有做过的事情。

# 第1章
我曾做过这些"实验"——STORES.jp、CASH 的诞生

只要用户在 CASH 这款 App 上上传物品的照片,就能马上收到现金。我们并没有确认物品的质量,因此即便是名牌,也有可能是假货,最坏的后果是用户不将物品寄过来。每人每天交易额的上限是 2 万日元,如果所有用户都在收到 2 万日元后违约的话,那么该服务就会失败。

不过,我认为:即使 100 个人里面有 5 个人不守信,携 2 万日元逃跑,还可以与其他 95 个人进行交易,填补 5 个人总计 10 万日元的亏空。通过 CASH 等服务产品,我就是想对这一"建立在信任基础上的商业模式"进行实验,而且我认为有实现的可能。

通过服务产品的制作方式、App 的推出方式和呈现方式,提升其信用度,进行持续稳定的经营,就能获利,我想创造的是这样一个交易模式。

现在,所有的商业活动都建立在"防范坏人"这一基础之上,消费者金融便是如此。像自动签约机

这种提供借贷服务的站点也并不是即刻就能贷款给客户，用户要输入各种信息，出示许可证，以证明"自己不是坏人"。即便表面是无人服务，其背后一定有人在进行确认。以收到的信息为基础，判断"该用户的贷款额度"，此举要消耗人力和时间成本，这些成本都要追加在用户身上。现在社会上各种各样的互联网网站服务也是以"怀疑人"为前提的，首先想到的是有"坏人"的存在。"用户登录"也是如此，因为可能有"坏人"存在，所以需要"用户本人确认"之后方可进入网站。

如果能取消"怀疑人的行为"，就能节约不少成本。根据统计，即使有"坏人"存在，100个人里面也只有5个人左右。坏人的比例是多少？我并没有对此进行试验，有坏人存在是很正常的，在此想法之下，我创办了该服务。而现在很多服务为了防范这5个人，对95个"好人"进行了过多的个人信息审核。

## 基于"性善论"的服务

于是,如果不怀疑用户,尽可能减少安全认证,面向所有用户提供服务,那会怎么样呢?我尽全力相信所有用户,不进行个人信息确认。假设坏人有5个左右,但是如果与这5个人带来的损失相比,95个人带来的获利超出了因怀疑产生的成本,生意就能做下去,就可以不用去怀疑用户。这点能做到的话,对我们和用户则是两全其美的事情。

例如,车站里之所以设置自动检票机就是由于怀疑乘客会逃票。我曾经调查过,一台自动检票机的费用是650万~1500万日元,一个站点要设置多台自动检票机,只是单纯地为了确认"乘客是否买票"而花费了巨大成本。

如果对乘客说:"请购票!不查票,我们相信您!"并拆除检票机,100%地信任乘客,结果会如何呢?当然,肯定还是会有逃票的人,即便如此,相比"利益损失"来说,安装检票机的成本要更大,或许不装检票机反而盈利更多。

我并不是想去单纯地"相信人",而是从商业性的角度来看,"相信人"可能会更赚钱。我想通过怀疑常理来改变世界,如果这能够适应大众服务,我就想尝试去做,创办一种"基于性善论的大众服务",这正是我想去尝试的。

在我的公司——"BANK"的两个会议室里,各贴有一张1000日元和1万日元的纸币。两个会议室的名字分别为"英世"和"谕吉","BANK"的经营理念是基于性善论的,所以这也是在做一个实验:"会不会有人将纸币带走?"

## 被 DMM 收购

2017年6月"CASH"发布后不久,虽然关闭了服务,但是经过体制调整,8月份重新启动了服务。2个月后的10月4日,DMM公司的龟山敬司会长突然与我联系:"您好!我是龟山!把CASH卖给我,有没有可能?"这时,CASH的事业进展顺利,经营良好,但是竞争对手很可能会随时出现,不知道什么时候雅虎、Mercari等大资本也会加入到该市场,在被别人打败前必须壮大自己,才能生存下来……说实话,我也有这样的想法。

正当二手交易市场竞争惨烈的时候,后来加入竞争的 Mercari 大规模筹措资金，不停地进行电视广告宣传，才跃居霸主地位。即便率先创办了一项新的服务，有时也会在金钱游戏中惨败。大众服务通过不停地进行电视广告宣传，有时可以后来居上，一举获得用户们的欢迎。

因此，引入外来资本是常用手法。在此之前，我都是在用自己的钱将事业慢慢做大，也与风险投资谈过融资，但是一开始总觉得对方并不积极，所以并未开展过实质性的商谈。

虽说那时是我们吸收外部资金的一个好时机，但是我并不想半途而废。就在这时，我与龟山有了联系。

龟山问道："出多少钱，你会卖给我？"

"70亿日元。"我回答道。

我以为这个金额他绝对会拒绝，他不可能花这么大的价钱购买一个发布才2个月的App,所以就给出了这个数字,但是,大约4周后的10月31日,我们谈妥了收购,BANK变成了DMM的完全子公司。

被DMM收购后,我们从其处借得20亿日元的运转资金,通过保持基本服务和提供人才,DMM帮助BANK实现了进一步发展。得益于这么好的发展环境,我们又发布了旅行费用可以打白条的App——"TRAVEL Now",同时致力于开发新的事业。

## 离开 DMM 集团

DMM 集团不愧是"现代经营得最好的商社",从事多个事业项目,而且每个事业项目将来都有可能单独上市。不过,临近 2018 年年末,我在一个月之内多次与 DMM 商谈来年各个事业的发展计划。在这个过程中,我对 BANK 的今后发展进行了思考,我认为离开 DMM 可以更好地让自己下定决心肩负起风险和责任去进行大型实验。于是,在 2018 年 11 月 7 日,我实施了管理者收购(Management Buy-Outs,简称为"MBO")㊀,宣布脱离 DMM 集团。经过与 DMM

---

㊀ 公司的经理层利用借贷所融资本或股权交易收购本公司的一种行为,从而引起公司所有权、控制权、剩余索取权、资产等变化,以改变公司所有制结构。

的多方协商,我们得到了DMM的理解,才做出了这样的决定。CASH、TRAVEL Now 仍由 BANK 来维持运营。第二次,我又自己背负起风险、用自己的钱开始了实验。

# CHAPTER TWO

## 第 2 章

## 我的"实验思考"的全部
## ——疯狂的商业的由来

## 社长最好不要太忙

我一直觉得:"社长最好不要太忙。"一直以来,我都把工作交给别人去做,尽量给自己留下足够的思考时间。我早晨几乎不在公司,而是在家里思考,淋浴时和运动时是最容易想出商业点子的时候。说到"淋浴和运动交替进行",可能有人会说:"这不是运动员吗?"的确如此,我每天上午都做运动,当然有时前一天喝多了的话,就会中断。我一般都在家里的跑步机上跑步。不是锻炼肌肉,而是进行有氧运动。听着音乐,每天运动 1~2 个小时,一周运动 5~6 天。我并不喜欢运动,甚至很讨厌。做运动首先是为了维持体形,其次是想让大脑内部处于一种"平和状态"。总是盯着电脑和手机,思想会变得僵化,总是思考细小的事情,很难构思出受用户欢迎的服务。因此,通过运动身体,让大脑"不去思考"。下午我会去一下公司,快速地开个公司内部会议,然后就早早回家。不过,每天直到晚上7点钟我都有各种安排,我尽量留出时间来思考富有创造性的事情。我不太与人交际,没有加入特定的社会组织,也很少与互联网行业的人去喝酒。当然也不是一次都没有,大概1个月1~2次,差不多就是这样的频率,跟我一起喝酒的人几乎都是我不太懂的行业的人。我的交往方式不是"浅而广型",而是"深而窄型"。经常一起去喝酒的人是3个晚辈,一周喝3次左右,比起"会餐"来,这种交往方式更让人开心。

我想过"普通的生活",通过跑步、淋浴让自己更容易想出商业点子,而并不是"为了思考而思考"。对于工作和生活我有许多小想法,但我从不会有"因为是工作,所以必须去努力思考"这种想法,只是过着普通的生活,有的时候我就像一个自由职业者或家庭主妇。或许我是刻意让自己处于一种"过普通生活"的状态,以让自己拥有这种被企业经营者们遗忘的正常感觉。

另外,我会尽量去接触流行的事物,全面了解受欢迎的服务和新事物。因为流行事物一定有它流行的理由,体现了大多数人的感觉。相反,我不会去接触那些最先进、太过于新潮的事物。关于互联网业中的区块链、虚拟货币、人工智能等技术领域内"小众"事物的新闻我会去了解,但是尽量不去仔细阅读。了解得太仔细,就会变得不是"普通人"了。

我会做的事情具体有:每个月一定会下载"iTunes 十大要闻",在雅虎新闻主页上看新闻,以此来了解"大多数人的感觉"。不过,我并不会用语言将自己了解到的东西明确表达出来,只是简单地接触,始终保持这种状态,如同自己也体验过了,对其有所了解,仅此而已。

## 记录从"第1军团"至"第3军团"的点子

我在使用一款名为"Captio"的笔记 App，它会把笔记发送到自己的邮箱。在现在这个阶段，我会写各种东西发到自己的邮箱，事后再翻看，将其中好的商业点子记录到记事本中。这些记录下来的商业点子有的属于"第1军团"，也有的属于"第3军团"。

从在广告代理店上班开始，我就开始做笔记，因为我一直在寻找商业机会，一边思考"这会不会是一个商业机会呢"一边做着记录。我并不会每天都记，也完全没有意识要定量进行记录，太在意"要想出新点子"的话，头脑就会僵化。

# 第 2 章
我的"实验思考"的全部——疯狂的商业的由来

过平和普通的生活,然后把奇思妙想记录下来。"创业"不是光想就能做得了的,商业点子也不会自然产生,在我看来,"尽全力去过普通的生活"这点非常重要。

## 如何具备良好的商业感觉

经常有人会问我:"怎样才能具备良好的商业思维?"我并没有进行过特别的学习,也不具备高学历。只是在我读高中的时候,卖T恤这种一本万利的经历让我突然领悟到"从商真的很有趣",感觉就像在玩游戏。

这种感觉与破解复杂的"九连环"很相似,眼前有一个谜,很想将其解开,于是从各个地方收集线索来解答谜题,千头万绪终于慢慢被理清,当这个谁也无法解答的谜终于被破解后,瞬间让人产生快感。

## 第 2 章
我的"实验思考"的全部——疯狂的商业的由来

我一直觉得堀江贵文在电子杂志上开设的商业烦恼咨询栏目最让人满意。我之所以能想出一些来自各种行业的商业点子,或许是因为我的大脑里积累了不少"研究个案"吧。

## 尽全力去过"普通的生活"

尽全力去过"普通的生活",就会发现生活中有诸多不便。只要过上一天这样的生活,就会产生很多的想法:"如果是这样的话,这个会更方便吗?""这样做会更好吗?""为什么会这样呢?"每当此时,我就会记下:"如果是我的话,我会这样做。"

在睡觉前,回想一天发生的事,就会想起"不便之处"。从大的视角进行思考,感觉是另一个自己在审视普通人的生活。例如,医院里就有很多不便之处。我经常会想:"为什么预约了,还要等这么长的时间?"去年,我骑电动平衡车的时候摔了一跤,导

## 第2章
我的"实验思考"的全部——疯狂的商业的由来

致锁骨骨折,半夜来到急救医院。虽说是半夜,人却非常多。去的第一家医院人太多了,于是被告知"去其他医院治疗吧",医务人员递给我一张写有多家医院电话号码的纸条,告诉我说:"这上面写有在这个时间可以进行紧急救治的整形外科的电话,请打电话问一问。"我从距离较近的医院开始逐一打电话问,第一家医院人已满,第二家医院也不行,最后第三家医院终于可以进行治疗。在我骨折痛得要命的时候,打电话就花了40多分钟,并且在第三家医院又等了很久。

前些天,因患感冒,我周日去了趟急救医院,人依然很多。而且因为是急救,所以医院只有年轻的研修医生。我认为这非常不方便,人并不会只有在工作日的白天才受伤生病,可几乎所有的医院门诊部只有在工作日的白天才上班。我想:"为什么所有的医院都在周一到周五上班呢?"也可以有周日到周四上班的医院啊。如果我开医院的话,我会考虑开一家深夜和双休日开诊的医院。我常常会想:"如果是我来经营，我会怎么做？""开一家周末的专科医院"就是一例，按照这样的感觉去过普通的生活，然后记录下自己的不满。放眼望去，生活中诸如此类的事情非常多。

即便不能马上开一家这样的医院，只要有这样的商业点子，就可以运用到其他完全不同的服务中去。所谓"抢占先机"，或许就是将商业点子运用到某一宣传活动中去。如果进行横向思维，也可以在其他行业产生诸如"夜间美容室"这样的商业点子。

很多事情在许多人看来已经习以为常，但是退后一步看的话会很不正常。坐在桌前苦思冥想并不会想出什么商业机会，尽全力去过普通的生活，才能在突发奇想当中获得启发。

# 第 2 章
我的"实验思考"的全部——疯狂的商业的由来

## 不放过"违和感"㊀

医生在看我骨折的 X 光片时,我突然冒出了这样一个想法。我听说最近为了不漏诊癌症,医院会使用人工智能程序对 X 光片进行图像分析,我觉得这是一个非常好的方法,于是我想:如果能开发一个 App,让数名医生对 X 光片进行图像分析,那不是很方便吗?首先,让用户把自己的 X 光片在 App 上拍照上传,然后可以让许多年轻的医生看到。医生看过 X 光片后,点击"正常"或"异常"的按钮,让多

---

㊀ 不协调、不对路的感觉。

名医生评判之后,就能够知道"正常"或"异常"的百分比,得到诸如"100个医生里面99个医生认为正常"这样的查询结果。年轻的研修医生收入少,工作辛苦,假设一个医生看过X光片后进行点击可以得到500日元的报酬,或许就能让他们在休息的片刻时间里赚些零花钱。如果医生听说"今天点击了5次,赚了2500日元"或"每天都点击的话,一个月就能多赚10万日元"的话,那么多数医生应该都会去做。

用户投入1万日元的预算,就可以得到20名医生的诊断,如果这20名医生都说"正常"的话,应该就会放心许多。人们偶尔去医院看病,有时会产生这样的不安:"这个医生真的很认真地在为我看病吗?"因为不安,所以在网络上搜索,通过雅虎"智慧袋"进行询问。所以我觉得这款App可以极大减轻大家的不安。将"对AI的不信任感""医生的优势""对仅由一个医生诊断抱有不安"这几点组合起来的话,就会形成一个创办相关服务的商业点子。在过普通的生活过程中,如果反复思考其中的不便之处,有时就会萌发出有趣的想法。哪怕是很小的违和感,也不要放过,这点很重要。"这个医生会认真给我看病吗?""由于人工智能对 X 光片图像进行诊断,还是有点不安啊!"诸如此类的想法谁都会有,但是仅此而已,往往不会加以重视,但有时它们或许就会指向一个大的商业机会。

## 不做不擅长的，只做擅长的

我的工作方式是"不参与到具体工作当中去"，而是平和平等地去看待全部工作，这样我的能力才可以发挥出来。起初，我曾是一个事无巨细的"超级参与型"，在"布莱克特"成立数年后，我不再做"参与型"，而是游离在工作外部。不是我想偷懒，而是我发现自己一旦忙起来，视野就会变得狭窄。我能明确区分自己"擅长做"和"不擅长做"的事情，我不擅长做的是搞管理，创建一个组织，对员工关怀入微。让一个组织成长壮大，进行团队建设，这些工作都不适合我。让我游离在工作外部，思考"接下来干这个""今后这样去发展"等问题，为公司进行

## 第 2 章
我的"实验思考"的全部——疯狂的商业的由来

中长期规划,思考商业点子,做这些事更能对公司做出贡献。所以,我之前创办的公司会请COO进行管理,我告诉他们我的发展规划,然后由他们进行团队组建等管理工作。随着公司的发展壮大,很难对员工进行细致入微的管理。虽然作为社长不能说这样的话,但是我还是要说:我的确不擅长管理。我有意识地将自己置身于一个富有创造性的环境当中,如果不确立这种工作方式,就会让自己整天忙于工作。当然也有段时间,"社长忙起来"和"社长参与到具体工作当中去"对公司来说是最有利的。但是,慢慢地将具体工作交给别人去做也是非常重要的。一开始,我也害怕把工作交给别人去做,不过最后我还是适应了。

一个人的能力是有限的,我深知:即便开始时自己一个人去做了,后面也会半途而废。所以我决定"不再自己去做",而是让别人去做,我只要集中精力去做我擅长的和对公司有贡献的事情就可以了。

我不会设计程序——我学习过制作主页,但是几乎不会设计程序。当时建立译者数据库和做留学中介服务时,我都是外包给别人去做的。那时我的女朋友就读于制作网页的专科学校,所以有时会让她来做。

把自己不擅长做的事情交给别人去做,这就是我的基本原则。

## 只思考富有创造性的事物

ZOZO公司的前泽社长在媒体上曾亲口说过，一周里面他只去公司3天。可能有很多ZOZO公司的员工觉得"社长游手好闲"。我曾与前泽社长一起共事过一段时间，我从不觉得"他游手好闲"。他比谁都关心公司的发展，他偶尔冒出的商业点子和输出的想法都是经过细心琢磨和反复思考而得出，非常适用。如果孜孜不倦地埋头于眼前的工作，是无法得出富有创意的想法和商业点子的。像平常那样去工作的话，是绝对难以做到这点的。只有撇下大量的工作，才能产生这种感觉。

例如,"这份书稿只有我能编辑得了。"有时编辑会这样想。或许还会想:"只要我编辑书稿时细致入微,将自己的心血注入其中,这本书就能畅销。"但是,因为工作太忙,不得不放弃该工作时会发现"不管谁来编辑这份书稿,其实都毫无关系"。最后,只能将工作分给别人去做。

我们身边有很多优秀的人,很多时候细节性的工作由他们来做更适合,有时也会发现:"其实我真的不擅长""让其他人做的话,花费的时间只是我的三分之一"。就这样,我不断把工作交给别人去做,剩下来由我去做的工作就是"思考具有革新性、创新性的事物"。

## 不当"互联网人类"

我总是有意识地"让自己离开网络"。我很喜欢互联网,已经离不开互联网,不上网的话就不安心。但是,正因为如此,我不想活得像一个"互联网人类"。

我虽然喜欢互联网,但是我不想让自己的思维模式"互联网化",只会"对区块链说三道四"。因为我从事的是互联网行业,所以有些地方离不开互联网,但正因为如此,我会很注意尽量让自己不要成为"互联网人类"。新型服务业可以拥有广泛的市场规模,如果只是盯着互联网内部的话,是想不出什么新点子的。我喜欢从事"面向消费者型"的事业,一直想创办"大众服务"。

我公司的人以及互联网业界的人的读写能力都很强,头脑又聪明,收入远远超过平均水平。在推特上跟帖的也都是些思考复杂问题、头脑聪明的人。所以,就会形成这样一种思维定式——"社会就是这样的"。如果意识不到"现在所看到的只占整个社会的0.001%",就无法创办面向其他超过99%的群体的服务。

当我发现"小额资金"在社会上有很大需求时,我想撒下的"小额"是1万至2万日元。我觉得在当时那一刻仅仅因为缺少1万至2万日元,有的人苦恼不堪,有的人寸步难行,有的人因此不得不受到制约。但是,在此款App发布前,我对周围的人讲述我的想法时,很多人的反应是:"1万至2万日元能干什么呢?"不过有这种想法的人都是那些"住在东京湾区"的人。而对于那些住在小城市的人来说,

1万至2万日元真的很珍贵,是一笔大数目。因为没有这笔钱,很多人"买不了参考书""不能给朋友庆祝生日""不得不取消约会"。

假设女儿说"过生日想去迪士尼玩",我一定没有二话。但是对于家庭年收入仅为250万日元、每月生活费仅为20万日元的人来说,是无法痛快地决定支出这笔2万5000日元的迪士尼门票费用的,在社会上无法带自己的宝贝女儿去迪士尼游玩的父母恐怕也不少吧。因此,使用CASH的话,即刻就能获得2万日元现金,下个月就能带孩子去玩。即便是小额,由于能够立即获取现金,有人就能迈出一小步,抓住机会,获得幸福。在社会上有很多这样的人,或许这就是所谓的"大众",如果持续保持"东京湾区的感觉",这些"大众"就会被遗忘。

## 让用户在联谊会上受欢迎的服务

我一直想创办一款让用户在联谊会上受欢迎的服务,用商业企划书的语言来表述的话,则是"让用户在联谊会上可以受欢迎的服务"。在联谊会上,如果介绍自己是"Mercari 的社长",大家自然都会发出尖叫。但介绍自己是"CASH 的社长",大家想必都不认识。我想创办的这款服务能让大家认识一些来头没那么大的人。

去年,在 CASH 发布后不久,我去冲绳参加朋友的婚礼,晚上大家一起去吃饭的时候,与餐馆的一个服务员聊天时,得知他的 iPhone 手机上下载了 CASH 的 App,我高兴极了,我的梦想就是每天都能体会到

## 第 2 章
我的"实验思考"的全部——疯狂的商业的由来

这样的感受。

"普通人都在习以为常地使用着我创办的服务"这种体验真是棒极了！大家肯定是觉得这款 App 好，才会下载到自己的手机上，如果觉得不好，就不会下载使用。这说明在这款服务推出之后，应该对社会发展产生了一定的改良作用，当我得知这是通过自己的双手实现时，这种快感不可言喻。就如同先设立假设，然后进行实验，并比对答案，最后发现是正解时的激动心情。

我想象着"如果推出这样的服务，社会就会变得如此方便"，然后开创事业。当服务推出后，果真看到了自己想要看到的现象时，我的内心充满感动："和我想象的一模一样！""和我的假设完全一样！"我对"会赚多少钱"和"能否上市"并不太感兴趣，了解社会的真实情况更让我开心。这真的是一种"实验思考"，因为是"实验"，所以不会觉得有风险，失败了也没关系。最大的快感在于"得知结果与想象如出一辙"，这是最有趣的。

## 不相信别人的评价

做"实验"时,我并不跟别人商量。"不跟别人商量"其实是"重视自己的感觉",跟别人商量,自己的想法就会动摇,我很不喜欢这样。

我只是想根据自己在与社会接触过程中的发现进行假设,然后对其进行实验,看看是否正确。所以和别人商量之后再去做,那是浪费时间。我开发CASH时,也没有和任何人商量,仅仅只是把该服务的大体情况告诉了为我制作样品的相关人员,最初一起做的只有2个人。当我把样品拿给别人看时,得到的回答大多是"很好",我并不相信这样的回答,因为即便觉得"不好",很多人也会回答"很好"。

"社会的反应"是唯一答案,所以当我看到自己的构想与社会之间果真发生了化学反应,那既是一种快感,也是一种期待。推出一种服务,就是将这种构想投向社会,然后会发生某种化学反应,这一化学反应的结果是最让人期待的。

## "时机"是创业的生命

我前面说过：我的创业想法记事本中，记录了从"第1军团"到"第3军团"的各种想法。"第1军团"的想法基本上属于"未曾见过的"或"令人大跌眼镜的"想法。随着时代发展，如果失去了新颖性，一些想法就会从"第1军团"跌落至"第2军团"或"第3军团"。创业的时机真的很重要，所以我会极其重视。10年前我就推出了个人间的汽车共享服务，但是我现在才明白该服务推出的时机应该是在距今一两年前。一项服务无论有多么好，如果搞错了时机，也流行不起来。即使"预知未来的眼光"是正确的，但是如果不具备大众消费的环境，也会进展不顺，我个人感觉"领先时代半步"是创办相关服务的最恰当时机。那么，"领先时代半步"具体是怎样的呢？我的感觉是"不超过1年"，即某一事物受到欢迎不超过1年或感觉似乎不久就会受到欢迎，这时推出相关服务才是最好的时机。

CyberAgent 的创办人藤田晋社长曾说过："从事的行业太新的话，消费者观念会跟不上，所以最好去从事业内人士觉得'为时已晚'的行业。"我在推出汽车共享服务的时候，没有意识到这点，只是觉得"这么新兴的行业，一定能行"，但的确为时过早。

脱离现实的话，创业就会进展不顺。当然，有的人也能开创出一番事业来，我非常佩服这样的人，觉得他们真的了不起。不过我想创办的服务不是为了让一部分人疯狂地使用，而是要得到大多数人的理解和共鸣，让大多数人使用，所以这样的话，创建的服务能"领先时代半步"是最好不过的。

一到年初，我就会设立一个"当年主题"，2017年的主题是"金钱"，所以推出了金钱App服务CASH。当金融科技和假想货币成为话题，METAPS公司株式会社的董事长佐藤航阳的著作《金钱2.0》成为畅销书时，让我意识到"今年真的是一个金钱主题年"。2018年的主题是"旅行"，于是我推出了旅行App服务"TRAVEL Now"。2019年的主题是"不动产"，现在我正在考虑是否进行多方买入。我在设定主题的时候，并没有什么特别的参照基准，也不会进行逻辑思考，只是凭感觉推测"今年的主题"，然后开展相关事业。

## 寻找"偏差快达到极限的行业"

我每年都会大致确定与当年主题相关的行业,一定要用语言来表述的话,该行业或许属于"偏差快达到极限的行业"。每个行业都有大玩家和商业巨头,行业巨头并不是突然占据行业首位的,一般5~10年前就开始在该行业打拼,最终登上行业榜首,也就是说,它们5~10年间一直从事着相同的事业。

最近,社会的发展变化令人瞠目结舌,消费者的消费观念也发生了很大的变化,如果行业巨头所从事的事业与5~10年前还是一样的,就会与时代步调不一致。时代已经发生了如此大的变化，仍保持以往的商业模式、提供以往的服务，偏差就会越来越大。我认为这时就是取代行业巨头的一个好时机，所以我总是在寻找消费者的消费观念和现行服务之间"偏差快达到极限的行业"。

## 找到大市场

选择市场时,我会去看该市场的"偏差"和"市场的大小"。不过,即便消费者的消费观念和现行服务之间的偏差很大,我也不会涉足规模很小的市场。我认为:既然是"股份公司",不盈利的话就没有意义。在我们周围,"非常流行,盈利却很少"的服务比比皆是。虽然占有一定的市场份额,盈利却很少的商业案例很多,这是因为选择了不太赚钱的行业,所以我会选择具有一定规模的市场。

## 改变旅游业"手续费型商业模式"

旅游业界有一个名为 OTA（Online Travel Agency）的公司，这是一家网上旅游公司，其他还有"乐天旅游""Jalan""Booking.com""Expedia""Hotels.com"等旅游公司，实际上旅游市场规模非常大。其中，光"乐天旅游"和"Jalan"这两家公司的年销售额就达1.5万亿日元。虽然它们从事的是"手续费型商业"，但两家公司的销售额如此之高，还是令我十分吃惊。不过，我要不客气地说：这种商业模式既不新颖，也不方便。这10多年来，旅游产品的销售方式一点都没变。

# 第2章
我的"实验思考"的全部——疯狂的商业的由来

我已经说了很多次,社会和消费者都已经发生了很大变化,一定会出现适合现在的消费者、现在的消费观念以及现在的电子设备的旅游销售方式和企划方式。我觉得现在的旅游业将要发生巨大变化,于是推出了"TRAVEL Now"这款 App。现在的旅游业是在向"有钱的人"销售旅游产品,向这些人进行销售才能形成旅游市场。没钱的人根本不会去旅游,这话听起来似乎很有道理。但是应该还有很多"想去旅游的人",很多人"现在没有钱,但是下个月说不定会有钱",所以我认为:如果能让那些现在没有钱的人去旅游,就能形成一定的旅游市场。说不定这个旅游市场的规模更大,人数更多。人们并不会"因为现在没有钱,所以就放弃旅游",而是"虽然现在没有钱,但仍想去旅游",持有这种想法的人会越来越多。我开发的"TRAVEL Now"是一款"给顾客提供即时性旅游服务,费用可以于2个月后支付"的服务,手续费是20%。但是顾客不会与其他旅游网站进行比较,因为即便其他旅游公司费用便宜2成,但是游客拿不出这笔钱来。"TRAVEL Now"虽然贵,但是能让他们立刻出发。"TRAVEL Now"不搞价格战，旅游产品的销售一般都是"手续费型商业模式"，各旅游公司为了招揽顾客，竞相压低销售价格，所以收益在不断下降，只要开始价格竞争，就只能压缩收益。为了提高收益，我思考解决办法，因为光是前面提到的两家旅游公司的销售额就高达1.5万亿日元，所以还是有市场需求的。于是，我从现有旅游公司购得旅游产品，并加价20%进行销售。

# 第 2 章
我的"实验思考"的全部——疯狂的商业的由来

## 世间充满可能性

这样去思考的话,世间就充满了可能性,就会萌发出无限的商业点子,想不出商业点子这种事情是无法想象的。

只要我还活着,我就会去尝试创办各种服务。但是,人生是有限的,我想"毕生都创办大众服务",所以我最讨厌在"非目标事物"上浪费时间。一项服务或许会有市场需求,或许能经营下去,相比创办 10 万人 × 3000 日元的小规模服务,我更想花时间去创办 5000 万人 × 3000 日元的大规模服务,所以我决定不能什么领域都涉足。

一项服务的成长发展，我想至少需要10年左右的时间，在有生之年最多只能创办3项服务，其他时间都在思考是不是应该去做。ZOZO公司的前泽社长外表给人的印象是气宇轩昂、做事果断。但是，我与前泽社长共事时，我看到的是一个"摸着石头过河"、做事非常谨慎的人。他的思维天马行空，但是一旦下决心要做一件事情，就会竭尽全力去做。

因此，那些被前泽社长判断为"不应去做"的事情非常多，在一次次决定不做之后，一旦决定了要做的事情，就会竭尽全力去做，这是他给我的感觉。什么都做的话，会浪费时间，所以前泽社长会做出选择，并集中精力去做一件事情。因此，我会选择市场，并慎重判断"该市场是否值得去做"。

## "表达形式"决定了市场的广度

服务是否能进展顺利,我觉得很重要的一点就是其"表达形式"。即便方向和目标正确,但如果表达形式拙劣的话,就不能被用户接受。

"这个创意应该怎样表达出来?""应该怎样呈现在世人的面前?"这些问题非常重要。服务的推出方式、呈现方式和提供方式都展现出了其品味。想让用户拥有怎样的体验?与服务的名称、App 的 UI(User Interface,用户界面)、设计等"表达形式"密切相关。

我非常在意推出的服务的"域名"。所谓的域名，简单地说就是"在互联网世界里的地址"。"stores. jp""cash. jp"这样的域名就相当于"南青山1丁目""银座4丁目"这样的地址，能有效地让众多人产生好印象。

想要得到一个好的域名，往往要花费数百万日元，cash. jp这个域名就花了400万日元。不过，我觉得很便宜，可以很快收回成本，实际上立刻就回本了。因为前所未有的一项服务的价值很难传达给用户，而通过一个好的域名可以节省向用户解释的成本。为了可以用一句话向用户传达该服务瞬间兑现的价值，我将"CASH"的域名设计为"cash. jp"。

有时即使长时间地解释，用户也不会听，半数以上的人都不会理解，让大家都能理解服务这一点非常重要，最好能不需要说明书。

## CASH 只是一款"收购"App

我认为一款服务"如何表达"非常重要,说到CASH,它只是一款"收购"App,不过我们一贯都不使用"收购"这一字眼,而是宣称:"这是一款瞬间让眼前的物品变为现金的App"。

"瞬间让眼前的物品变为现金"这种说法带有一种"变魔术的感觉"和新鲜感,我非常重视这种表达方式。CASH可以瞬间显示拍照物品的金额,比如用户把Gucci的包拍照上传后,就会显示出2万日元的金额。不过,我们并不会确认所有的照片,也不会经过判断后再给出2万日元的价格。我们收购物品时一概不看照片，其实并不需要照片。如果是钱包，只要输入文字"钱包"就可以了，我们并不是看过照片后再进行收购，而是先把钱打给用户，即便发来照片，我们也不是看过之后再打钱给用户的。

用户将 Gucci 的包拍照上传后，就可以获得钱款，因为我们相信它是"Gucci 的包"，如果说谎或行为不端，就再也不能使用该款 App。不管有没有照片，结果都是一样，也就是说，我们信任用户。"会不会将物品寄给我们"也建立在信用基础之上。通知我们已经寄出物品也是由用户自行申报完成，现在我们将交易上限设置为 2 万日元以分散风险，但是交易还是建立在对用户信任这一基础之上的。也就是说，让用户拍照，仅仅只是为了让用户认识到"这个物品能变成钱"，体验到"物品瞬间变成钱"的快乐。

一项服务无论有多么好，如果用户使用时感受不到快乐，也不会流行起来，表达方式决定了一切，这样说毫不为过。

## 第2章
我的"实验思考"的全部——疯狂的商业的由来

## 拥有备受信赖的设计师

我认为：能否形成一个新的市场，取决于该项服务的表达形式。表达形式至关重要，特别是在向社会推出的时候，这项服务的"新颖度"非常重要，我始终坚守这一原则对服务进行设计。所以，能够完全按照我的想法，甚至超出我的想法对产品表达形式进行设计的设计师必不可少。对于能够理解我的感觉的设计师，我不太会在细节上进行指示。在设计CASH的时候，我只说了一句："制作一款拍完照立刻就能变成现金的App。"不过，优秀的设计师并不好找，他们就像艺术家一样非常稀少，所以值得信赖的设计师现在辞职的话，将会构成一个很大的打击。我对自己"想要的表达形式"非常明确,也许我也能对技术人员进行细节上的指示,不过这样的话,就不太会有人能提出超出我的想法的建议,也极少有人提出的建议能超出我的想象。

我们公司的设计师河原香奈子女士能够给产品设计出超乎我想象的表达形式,是一个非常难得的人才。当我决定创办现在的这家公司时,第一个邀请她加入。她并不会完全遵照我的指示去设计,而是能够将我的指示背后的意图设计出来,理解我的真实需求。我只要给她一个大致想法,她就能给我设计出好的作品,作为一名设计师,她的品位也非常好,我们一起合作过很多次,彼此间的合作关系不断强化。

## 使用后如果感觉不好，则放弃

如果我觉得有的产品非常好，我首先会设计一个实体模型的样品，这是我的一贯做法，我感觉自己经常在做"实验"。制作完成后，拿出去展示，然后观看反响，这是一个很开心的制作过程。制作完成后，试着用用看，再不断改进，所以有很多产品试用后便放弃了，我都是在试用完后，再做判断。即便商业模式很好，如果使用后感觉不好，就放弃掉，对于产品来说，重要的是"展示方式""表达方式"和"体验"，因为让我产生诸如"感觉很好""这样的话，能够把我所想象的东西完全表达出来"等感受非常重要，我就可以按照我的意图向用户展示我所创办的商业形态。

很多人并不会因为一项服务很好或技术富有创新就选择使用,让用户感受到"体验后的感觉很好""使用过程心情愉悦"更为重要。能否产生诸如"这种呈现方式真是让人吃惊!""这样的体验感觉真的很好!""这种呈现方式真新颖!"等感受是我的主要判断依据。

## 如何改变"世界观"

我们给 CASH 设计可爱的标志,整体色彩采用黄色,营造出一种现代派的轻松氛围,一扫"金融""信贷"给人带来的死板、不好的印象。

由于理解方式的不同,CASH 会被看成是相近的其他某种商业模式。因此,"能够带给用户多少新奇感""如何给他们带来轻松、快乐的体验",这些才是与其他商业模式一决胜负的地方。

## "STORES.jp"赢在它的"呈现方式"

当我看到很多人在使用STORES.jp时,我第一次感到产品的呈现方式非常重要。STORES.jp的企划并不具有划时代意义,关键赢在它的"呈现方式",它让用户理解了这款服务能让不太会电脑操作的人也能开店,这成了它的优势。其实,STORES.jp只是一项"销售网页制作服务",雅虎及其他很多地方都提供该服务,但在"如何呈现给用户""如何向用户传达"这两方面却产生了差异。

在STORES.jp上面可以很快开店,并在上面卖东西。只要登录后上传想卖的物品信息,就能制作成带有购买按钮的商品销售网页。该网页的网址以店名为副域名，副域名可以自己选择，但是在 stores.jp 这一域名下生成。Mercari、雅虎拍卖也是如此，一旦有商品挂出来卖，其网址则在主域名下生成。也就是说，只是给用户设计一个销售商品的网页而已，把这个网页表达成为"世界上唯一一个专属于你的网店"，就可以给用户带来与众不同的体验。

ZOZO 公司提供了一项"打白条"或者说"赊购"服务。"赊购"这种支付方式并不新鲜，我们只是将其表达为"打白条"，就引起了人们的热议，销售额得以上升。"打白条"这一人们熟知的词语会让人们想到："原来也可以这样消费？"这种消费方式很多年前就有，却引起了人们的热议："打白条真棒！""不、不，这种消费方式早就有了。"……

表达方式是如此重要，表达方式不同，传达给用户的方式也会不同，这真是太有意思了！

## 将不需要的东西"删减"到极限

制作 App 和思考表达方式时,我会去想象"普通人"的使用情形,我常常思考:"用户能够接受吗?"家庭主妇会下载使用吗?小城市的高中女生会感兴趣吗?我认为她们是否会使用是最关键的。如果使用起来感到很麻烦,她们就不会再使用。

因此,我制作 App 的时候,会做很多的"删减"。"这个信息需要吗?""这个步骤不需要吧?"一边这样想,一边删减,这就是我很重要的一个工作,尽量不让用户过多地去思考或不经思考就能使用。

# 第 2 章
我的"实验思考"的全部——疯狂的商业的由来

"TRAVEL Now"的制作也尽量做到简单,一般来说,旅行代理店必须获得用户很多信息,乐天旅游和Jalan同样也是如此,用户在很多地方要输入个人信息。如果想去夏威夷旅游,首先必须输入护照信息,还有名字的英语、日语和拼音书写形式、出生年月日、地址等,非常麻烦,光是看那些表格就觉得很头疼。

其实用户很希望能够开心地去办理旅游手续,"一开始就需要填写名字的汉字书写形式吗?""一开始就需要护照号码才能预约吗?"我们对这些问题重新进行探讨,这个"一开始的规定"非常重要。

实际上,经过调查后,我们发现:即便没有护照号码也可以预约机票,于是我们将不必要的项目进行删减,尽最大可能做到简单化。最后剩下"姓名"这一栏,当然姓名还是需要的。不过,仅仅只是姓名的拼音书写形式也可以预约,于是我们将姓名的汉字书写形式删除,只保留拼音书写形式。因此,在

"TRAVEL Now"上用户只需填写姓名的拼音书写形式。

总之,产品的表达方式和使用体验非常重要,用户们的众口称赞和心情愉悦非常重要。我经常说:"区分一项服务的好与坏,就是看其世界观、体验和表达方式。"

# CHAPTER THREE

## 第 3 章
## 我想进行这样的"实验"
## ——我所设想的未来预想图

# 第3章
我想进行这样的"实验"——我所设想的未来预想图

## 今后的社会将会发生怎样的变化

在这一章里,我想以商业为中心,说一说今后的社会会发生怎样的变化?我不是专家,我只是说说我的想法。作为一名创业者,我只是根据我的假设,不停地做着"实验"。或许会遇见很多包括法律和各种规定在内的细节方面的制约。这些小细节在这里就不作考虑,希望"我对社会的看法"能引起大家的兴趣,如果能给那些想创业的人带来启示的话,我会感到由衷的欣喜!

首先,我要说的是:"今后金钱不再是一切。"一直以来,金钱都是压倒性的核心价值,不过从去年开始,金钱不再是核心价值,因为除了金钱之外,各种物品都拥有了价值。

虚拟货币这一数字化的货币也得到了认可,"Time Bank"是一项给人的时间赋予价值的服务,"VALU"则是一项给人本身赋予价值的服务。

## 金钱不再是一切

一直以来,几乎毫无例外,物品仅仅被认为是物品。但是,今后的时代将变成"物品也是金钱"。也就是说,物品的价值被承认,可用代替金钱进行支付,即使没有金钱,也可以进行物物交换。现在,除了金钱之外的其他各种物品都被赋予了价值,我觉得今后这一倾向会加速发展。

例如去吉野家吃牛肉盖浇饭,结账的时候,顾客可以说"不支付钱,用我的时间来支付""用这本书支付"。这听起来好像是在开玩笑,但是我觉得这样的社会真的会到来。现在,"Time Bank"和"VALU"在交换价值的时候,还是需要以金钱作为媒介,将来这一媒介将不再存在。如果"Time Bank"和吉野家合作,就可能用时间来支付。打个比方,一碗牛肉盖浇饭的价值的换算方法可能会是:"如果是我的时间,应该是10秒""如果是堀江贵文社长的时间,则是1秒"。

去年,在池袋PARCO百货公司我们设立了一个"真实店铺版CASH",顾客把旧衣服和包拿去,店员拍照后,给出价格。例如,如果给出的价格是"4500日元"的话,就可以换取相等金额的东西,即现代版的"物物交换"。说到"物物交换",很多人可能认为这是一种退化的支付方式,但是我觉得经过一个轮回后,这种支付方式会重新出现。它的根本就是技术,有了技术的支撑,新时代的物物交换将得以顺利实现。

# 第 3 章
我想进行这样的"实验"——我所设想的未来预想图

## 开发"关于价值的谷歌翻译"

社会会变得越来越复杂,信息以及各种物品和服务会越来越多。"价值"这一观念也会变得越来越复杂。现在的"金钱"是指纸币或硬币,它们也是一种物品,这很好理解。但是,今后除了金钱以外的东西也会带有价值,这样就会越来越复杂。之所以复杂,是因为认为一样东西值 1000 日元需要给出这一价值的根据。"这个值 200 日元""你的时间价值是每 30 秒值 15000 日元"诸如此类,各种东西都会带上价值。因此,就需要一个价值评定基准,要让人们接受"这个值 1000 日元"这一结论,就需要有让人们认可的证据材料,不过一般人很难拥有这样的评定基准。

我们想开发一项评定价值的"价值翻译服务",谷歌翻译能把日语翻译成英语,我们开发的服务则将物品的价值翻译出来。就像 CASH 一样,将物品拍照后就能显示出其价格,我们想开发的是这样一项服务。或者将眼前的物品表示成为与其价值相同的东西,使用人工智能技术应该能做到这些。这样的话渔民将捕捞到的金枪鱼拍照上传,就能与和牛进行交换,它可以告知人们:"这个物品和那个物品价值大致相等。"这个服务给出的提议或许不是绝对的,是一种"结论先行"的做法,但用户会相信:"既然 BANK 这样说,就应该是这样的。"

现在,LINE Pay、PayPay 等公司为了占据"支付方式"的霸主地位,进行着殊死竞争,但是支付方式的发展方向不仅限于数字化,"物物交换"也是一种支付方式,今后还会有各种各样新的支付方式出现。

## 在各行各业进行"实验"

我 10 年前开始创业。我喜欢从商,或许只是单纯地喜欢思考"赚钱机制"而已,当一个商业点子冒出来时,去思考"或许能干这个""或许会往这个方向发展"是一件很快乐的事。我并没有思考得很透彻,有时会思考"各行各业中想解决的一些问题",接下来我想给大家介绍几例。

## 让癌症筛查变得更简便

医疗行业中我最感兴趣的是癌症的治疗。不仅在日本,在全世界范围内,导致死亡人数最多的疾病就是癌症。尽管如此,"为什么大家都1年只体检1次呢?"所以我想,能否开发一项让大家很轻松地1个月做1次癌症筛查的服务呢?

几乎所有种类的癌症只要能早期发现就有望治愈。如此之多的人因癌症死亡,1年仅体检1次真的毫无意义。如果不花时间就能做癌症筛查,而且价格便宜,最终能实现免费,让大多数的人都能受益,我想如果能提供一项这样的服务就好了。

体检和癌症筛查明显很有市场，但是该市场已经被霸占，一直没有发生变革，如果能加以改变，就会产生各种可能。很多人都认为医疗检查"价格昂贵""1年检查1次""花上一整天时间"是理所应当的，但是没有必要拘泥于这种常识。或许"体检可以1个月进行1次，只需将唾液滴入仪器设备"的时代即将到来。体检结果会显示在App上，人们可以经常通过iPhone手机免费进行健康管理。如果每次体检都能像献血那样获得优惠或金钱回报就更开心了。

这或许还不现实，但是我相信这样的时代一定会到来，在脑子里始终保留这样一个商业点子，当点与点连接成线，有时就可以开发出一款具体的服务来。

## 让保安服务变得大众化

曾经有一段时间,我对保安服务业极其感兴趣,还将其列入了我的商业点子记事本中的"第1军团"。

保安服务业有"SECOM"和"ALSOK"两大巨头,"SECOM"的规模更大,公司总资产曾达1.5万亿日元,它的客户几乎都是企业。企业代表极少数一部分超富裕阶层,所以我对将该服务推向"大众化"很感兴趣。保安服务只有极少数有钱人才能享受,那么那些刚来东京、没有多少钱的18岁女大学生会对保安服务感兴趣吗?我的回答是:绝对感兴趣,有市场需求。不过，不仅一个月要花费 2 万日元，而且她们认为像"SECOM"这样的大公司是不会进入小公寓的，还不如去租带有自动锁的公寓更现实，不过这也要花钱。要安装像"SECOM"那样的监控摄像头也许很难做到，但是安装一款能够告知门窗被打开的 App 或许会很便宜。如果一项保安服务可以让任何人得到最低限度的安全保障，并实现了免费，似乎这个商业模式就能行得通。

这样的服务是想打破人们认为"保安服务是面向企业""面向一部分富裕阶层""安全服务价格昂贵"这样的常识，任何人都有安全地生活这一欲求，谁都希望有安全感。因此，一直以来，只面向企业和一部分人提供的保安服务只要能面向大众，市场就会扩大。能否将面向企业的服务转而面向个人？能否将只提供给一部分人的服务转而提供给大众？这样或许就会产生很多可能性。

## 定制业会不断发展

ZOZO公司已经开始提供"定制服务",作为整个社会的一个发展趋势,"定制服务"将不仅限于服装定制,范围将不断扩大。现在定制市场不断增长,但是在现实生活中,当人们要买东西的时候,几乎还是选择成品市场。亚马逊也好,乐天也罢,大多数地方卖的都是成品。

现在的社会,每个人都有自己的兴趣爱好和价值观,人们可以买到更适合自己的东西,这应该成为一个趋势。提供给每个人自己想要的东西,我对这种网上定制市场非常感兴趣。我以前也在网上卖定制的鞋子，这种商业形式不会有存货，收到订单后再进行定制，所以没有压货风险，因为是先收到货款，因而没有资金风险，重要的是能否尽早交货。对于缺乏资金的创业者来说，这是一种非常好的商业模式。

大家听到"定制"，会产生怎样一种印象呢？如果是定制鞋、定制房屋，可能会认为："那是一个和普通老百姓无关的世界。""那是一个属于有钱人的世界。"谁都会想要完全适合自己的东西和服务，只不过因为价格太贵支付不起，如果价格低廉，肯定会有市场需求。运用新的技术，就可以转变以前的常识和传统，这里面隐藏着巨大的可能性。

## 餐饮·零售业如果能够实现金融化，会更赚钱

将餐饮·零售业转换成金融业的话，赚钱的可能性更大。有一家上市餐饮企业在日本有230个店铺，销售额达170亿日元，每年利润约3亿日元，员工近2000人，一年人力成本达55亿日元。当我得知这个企业"销售额达170亿日元，利润却只有3亿日元"时，十分吃惊！如果我是经营者，为了增加利润，我会进行以下尝试。

第一，做一个面向员工的"工资App"。通常员工的工资是一个月进账一次，但是员工打开App的话可以提前预支当天的工资。2000个员工的年工资

支出是55亿日元，假设其中20%以日工资形式支付，一年的日工资支出是11亿日元。如果收取一定的预支手续费，利润就有可能增加。

第二，向员工提供"贷款服务"。员工中应该会有很多"想借钱，但又害怕去借消费者金融产品"的人，对这些人提供融资服务，获利可以用来扩大事业。对于员工来说，向自己工作的公司借钱更安心；作为公司而言，借贷方是自己的员工，欠债不还的概率也会降低。

第三，对加盟店铺实行"材料融资"。由于材料必须先拿出一笔钱购买，很多人苦于拿不出这笔资金无法加盟。如果给加盟店提供材料，而不是材料费，可以根据加盟店的销售额将材料费回收。假设材料费是100万日元，如果融资100万日元，每月的利息最多1万~2万日元。但是提供相当于100万日元的材料，而非现金的话，当加盟店的销售额达到300万日元时，店铺的利润就达200万日元，签约时约定回收利润的20%，那么就可以赚40万日元。如果一个月提供材料给数百家店铺的话，会比贷款给对方获得利息要赚得多。

第四，对顾客提供"赊账餐饮"服务。客人用餐可以赊账，但日后结账时要贵20%。一家店铺平均每人每日的消费是2000日元~3000日元，即使赊账贵20%，对于顾客来说也是可以接受的。如果年销售额为170亿日元，其中10%即17亿日元是顾客的赊账额，贵20%就意味着利润可以再多3.4亿日元。以上只是极少数一部分例子，实行金融化的话，收益会有更多的增长余地。

## 工资预支服务"WORK"

最近经常听说一些企业"由于人手不足导致破产"。销售良好,收益不错,却因为不能确保劳动力而破产已经成为一个社会问题。要解决这个问题,需要一款提供工资预支的服务"WORK" App。

其实,我原本打算于 2018 年发布这款 App,与 CASH 一样,相信用户,预支工资,再让用户工作,这也是一款建立在性善论基础上的服务。打开 App,就可以看到大量计日制打工明细,用户只要输入工作日期和工作地点这 2 个信息。检索后,用户可以在感兴趣的打工介绍页面上点击"WORK"按钮,日工资

8000日元就会立即进入用户账户，而此时得到的用户个人信息只有一个电话号码。社会上有很多企业要找计日工，我们从企业获得的日工资为1万日元，这样就有2000日元的收益。我们只要告知用户在约定日去工作现场，模式非常简单。在开发这款App的途中，由于其他的事业更有发展优势，不得不将其放弃，我曾想实验一下，看看有多少人会遵守约定？又有多少人会爽约？这项服务能否成功？

# 第 3 章
我想进行这样的"实验"——我所设想的未来预想图

## 新形式的消费者金融

根据企业对于计日工的需要,我还设想了一项服务:使用者可以即刻得到 1 万~3 万日元这样的小额贷款。偿还日是在 1 个月后,用户可以选择两种偿还方式:用现金偿还和用劳动偿还。当用现金偿还,我们就能赚取利息,这就是通常的消费者金融模式。但这款 App 的特征是"可以用劳动偿还",它会显示出借款金额所对应的计日工工种,用户可以从中选择。有时只要工作一天,就可以不用偿还贷款。我们通过向要招计日工的企业输送劳动力,获取介绍费,从中获利,这就是我设想的新形式的消费者金融。

## 向办公场所推广新干线的小推车销售形式

在新干线上经常可以看到小推车销售,往返1趟的平均销售额是7万~8万日元,往返数趟的话,1天的销售额可达数十万日元。据说每家便利店平均每日的销售额是50万日元左右,这样的话,两者不相上下。我想把这种消费方式推广到办公场所,方法很简单,由销售小姐整天推着小推车穿梭于各个办公场所之间。新干线上的小推车销售便是如此,其实本来没有什么特别想买的,但因为小推车到了自己身边,有时就会想买点什么。办公场所也是如此,当小推车来到身边,买杯咖啡、糕点的概率就会大幅提高。在办公场所卖糕点的无人小卖部"办公室格力高"⊖非常知名,听说年销售额达 50 亿日元,它是一种等待顾客上门的"被动式"商业模式。而小推车销售模式是将商品直接送到顾客的桌边,是一种"主动式"商业模式,其销售额应该会是"办公室格力高"的好几倍。

---

⊖ 即 Office Glico,它是日本糖果糕点制造商江崎格力高推出的办公室无人小卖部,是由消费者自觉付款的一种售货形式。

## 免费午餐的实验

几年前,我曾经经营过一家廉价盒饭店,最大规模曾达到给400家公司员工提供盒饭,月销售份数达2万份。不过,每份销售价格是500日元,即便一个月销售2万份,也根本没有收益。所以,那时我就想:如果免费提供盒饭会怎么样呢?"500日元卖2万份""如果免费的话,应该可以卖到10倍的20万份,我对此很有信心。每个月免费给20万人配送20万份午餐,这本身就非常有价值。通过无偿服务获取利润的方法应有尽有,例如以盒饭为媒介刊登广告,附送赠品……

最后,在这个"实验"进行前,盒饭公司进行了清算,未能做成实验,但我现在仍对免费午餐实验抱有兴趣。

## "思考停止"的时代会逐渐形成

我认为未来将是一个"思考停止"的时代。所以,我会非常有意识地注意一点:"我提供的服务能多大程度上让用户停止思考"。

只要说一句"在那边!"用户不用思考就往那边走去,这样的服务会流行起来,我们即将迎来一个不使用大脑就可以生活的时代。

人本来就讨厌麻烦,一旦有方便的东西产生,人们便会轻易接受。例如,以前人们一般都是租 CD 和 DVD 到家里欣赏,但是自从有了 iTunes、网飞后,通过电脑上网就可以收听音乐或观看电影，特意去租借碟片的人急剧减少，仅在几年之内就发生如此大的变化。人会变得越来越不愿意行动，只需一键点击，连检索都不需要。

在烹饪业界，"COOKpad"曾是一个具有压倒性优势的服务。但是即便用户看了菜谱，不思考的话还是做不了菜，必须先读菜谱，理解之后，再加以想象，再做出菜来。不久后，出现了"kurashiru"动画烹饪网站，很多用户开始登录使用。为什么它会如此受欢迎呢？就是因为"不需要思考"，用户照着动画学，就能学会。各行各业都有行业巨头，但是几乎都需要用户进行思考才能享受它们的服务。如果这些行业巨头被那些提供"不需要思考"的服务代替了，行业的结构图就会被重新改写。

例如，肚子饿了的话，人们就会去看"Tabelog"这一美食评比网站。不过，看了"Tabelog"后，就会出现很多的店铺，然后再选择类别、地点和价格区间,总要思考"午餐吃点什么"。这还是很麻烦。所以,当我觉得"肚子饿了"的时候,真希望只要点击一下"午餐"按钮,就会告诉我"今天吃拉面吧"。只要在App里事先输入大致的预算和自己不吃的食材,就可以由App帮我们做选择。找拉面馆也很麻烦,于是App会为我们导航:"请乘坐电梯下楼!""请直行!""请往右拐!""请在那里就餐!"只要按照App引导的那样去做就可以了。这样的时代绝对会到来。

这也可以应用到旅行服务领域,App创建好后,"旅行目的地轮盘赌"就旋转起来,最后出现"夏威夷",一键点击后办理好旅行手续,让App带着自己去旅行。这样的时代不久就会来到。不管是好还是坏,今后的社会会变得极其方便,越来越多的消费者会觉得思考是一件很麻烦的事。

无须思考发展到何等程度,就能让至今为止的社会得以变化?这是我一直都在思考的地方。

# 第 3 章
我想进行这样的"实验"——我所设想的未来预想图

## "衣食住行"将免费

前些天,一个人工智能上市公司社长的发言非常有意思,他说:"我们想消灭社会上的工作,我们开发人工智能技术,不是要抢走人的工作,而是要让人工智能为我们工作,为大家提供新的价值。"大意就是将来的社会让人工智能去工作,人们坐享其成,我觉得这太有趣了。人们常常把机器人、人工智能看成是抢走人的工作、具有威胁性的"坏东西"。不过,仔细想想的话,如果它们具有与人一样的生产性,也能创造财富,那么它们创造的财富就可以提供给许多人,这在理论上是有可能的。因此,"不工作的社会"是可以实现的。

前面我说过，今后的人们"只要按照所告知的那样去行动就可以了"，将来可能最终形成一个"不用工作就能生存的社会"。完全应用人工智能种植农作物、制作衣服的成本几近为零。因此，将来的世界或许会从"每月领取基本生活费"演变成"衣食住行免费"。

## 娱乐业会变发达

这样的世界到来了的话，不工作的人会不断增加。SHOWROOM 前田裕二社长在接受采访时，对于"继 GAFA 之后，谁将会称霸？"（GAFA 指的是谷歌、苹果、脸书、亚马逊四个公司）这一提问的回答是：竞争将由争夺人的可支配时间演变成为争夺人的可支配精神世界。因为要争夺人的内心世界，那么提供娱乐的人将会变得强大起来。未来人们会满足于"衣食住行"这几大生活基础，然后去追求感动内心的东西，娱乐业将会盛行。不工作的话，人们都会变得很空闲，可以打发时间的服务就会很受欢迎。下午

3点做完工作,剩余的时间都用来娱乐。堀江贵文在采访时曾解释涉足音乐剧领域的理由:"大家一定会变得空闲起来,就会主动花钱去参与体育活动、观看戏剧、唱卡拉OK等。"

# 第3章
我想进行这样的"实验"——我所设想的未来预想图

## 人将分化成为"所有人"和"非所有人"两类

如同优步、爱彼迎一样,社会将不断向"共享"的方向发展,汽车、房子和酒店都可以"共享"。今后,人将分化成为"非共享人"和"共享人"两类,简单地说就是"所有人"和"非所有人"两类,而"所有人"会变成少数派,因为私有物需要花费很多钱,只有高收入者才能成为"所有人",其他人都将成为"共享人"。所有的一切都将成为"共享物"。

## 消除"车主"这一概念

说到"所有和共享"这个话题,我有一个商业点子,想去尝试开发一项与其相关的服务。

现在个人间的汽车交易非常麻烦。如果能提供一款像在 Mercari 上买卖服装那样,能让人们轻松进行汽车交易的服务的话,个人间的汽车交易量就会大增。现在,汽车交易并不仅仅是一手交钱,一手交货,还必须办理各种手续。最终由于手续太麻烦了,人们会产生"还不如买新车""还不如卖给二手车公司"等想法,总之法律程序太麻烦,手续也很麻烦,保险也必须进行名义变更,如果这些麻烦的手续能在背后统统得到解决，用户只要在 App 上输入简单的信息就可以进行交易。要解决"个人间汽车交易难"这一难题，我会成立一家公司。现在人们在买车的时候，会在汽车销售公司贷款买车。与之相反，将来人们想买车时，都可以与我的公司联系，在我的公司办理汽车贷款。因为我的公司优势在于：一般情况下贷款 100 万日元可购买 100 万日元的汽车，但是在我的公司贷款 80 万日元就可购买同款车型了。这样的话人们就会争相来我的公司贷款，那么接下来会发生什么呢？汽车在名义上会归属于我的公司。人们可以像往常那样开车，并没有意识到车主是谁，只是在车检时车主的名字会有不同，这并没有多大意义。

公司的使命将是"成为整个日本所有汽车的车主"，所以当公司成为所有汽车的车主时，"车主变更"这一概念就会消失。这到底会有多么方便呢？例如，当汽车开了 3 年后想卖时，就可以直接将车卖给想买二手车的人，公司也可以经营保险中介的生意，当估计某位已经开车 5 年的用户差不多该卖车了时，就可以催促该用户卖车。如果这种情况可以变为现实，就会形成一个巨大的二手车市场，因为车在个人间交易，就会形成"C2C"（用户对用户）的商业模式。严格地说，这看似"C2C"，其实是"B2C"（商业机构对消费者）。因为社会上所有的车的车主都是同一家公司，所以交易手续就会非常简便，用户不需要车了就可以点击App的"销售"按钮，在此同时，App则向其他1200万用户自动发出"一辆二手车正在进行交易"的信息，这种商业模式将成为可能。

# 第3章
我想进行这样的"实验"——我所设想的未来预想图

## 不进行"实验"的话,就太可惜了

我喜欢思考社会问题,当觉得"这样做的话或许会更好"时,就进行各种尝试。这让我每天都过得很有意思,就像在做社会实验一般,兴奋不已。CASH中止服务后,大概2个多月后重新恢复了服务,但是从第一次服务运行16个小时与第二次持续运行24小时的结果来看,用户的动向完全不同。这些不断积累的结果和数据将变成我们的资产,世俗所讲的"失败"会越积越多,它们也会成为我们成长的食粮。

当养成了"实验思考"的习惯后,社会上的课题越多,就会觉得越开心。社会上的不方便和麻烦对于我来说都是"宝贝",让我看到完全不一样世界。并且,所有的失败都会变成珍贵的"数据",这样的话,就不存在所谓的"失败"这一概念,就能开心地去过每一天。

我首先用"小鸟的眼睛"去观察时代发展的大趋势,看到"人会变得不思考,不再具有所有权"这一模糊的未来趋势。然后用"虫子的眼睛"去感知普通人在日常生活中所需要的东西,于是就能找到日常所需的新服务。最后,去尝试践行自己的想法和假设,进行验证,去观察会发生什么。

一个看不到未来、无比混沌的时代或许对于普通人来说会是让人不安的,但对于拥有实验思考能力的人来说却是一个最有意思的时代。

## 结束语——钱还远远不够

我正在经历缺钱的时期,我把自己大部分的钱不断用来投资。这样下去,也许不久我就会变成穷光蛋,但是我的性格不会让我"到此收手"。即使我不再创业,我也可以当一名投资家进行投资或者进行资产管理,收入也不会减少,从中也能获得相应的刺激。但是这不是我想要的生活,我想一直在现场进行"实验"。所以,钱还远远不够,我想做的事情和想买的东西有太多,我必须多赚钱,想花钱去做的事情太多了。

堀江贵文社长为了发射火箭,已经花费了几十亿日元，估计他仍觉得投入不够。ZOZO 公司的前泽社长也发自内心地感慨道："没有钱！""钱真的不够！"或许有人会想追问："看您说的，您的资产不是已达 3000 亿日元了吗？"或许别人也是这么看我的吧……

**结束语**
——钱还远远不够

## 钱越用越多

堀江社长和前泽社长常说"钱会越用越多",我也终于理解了这句话的含义。越花钱,就越能看到一个全新的世界、产生新的体验,自己得以成长,最终实力增强,赚钱的能力也会增强,钱也就会多起来。

如果堀江社长成功发射了火箭,前泽社长登上了太空,他们就可以看到别人未曾见过的风景,获得极大的价值,我想他们一定会将这种体验应用到商业和服务中去。从根本上而言,去月球也是一种"投资"。

我去年买了一幅数亿日元的艺术品，这是我最贵的一件物品，它是一幅极其简单的黑白文字作品。也许有人会觉得我很傻，但是在我看来，一幅数亿日元的画可以让我对世界的看法发生改变。大家把这一行为视为"消费"，而我只是将其视作"数亿日元现金"与"相同价值的物品"之间的物物交换。买了这件艺术品后，我第一次产生了"这并不是消费"这一全新的感觉。

我觉得这一感觉将会变成我用来创办改变世界的服务的材料。

**结束语**
——钱还远远不够

## BANK 今后的发展规划

前面聊了很多关于钱的话题,当然钱并不是我创业的唯一目的。首要目的还是"创办大众服务",说得再通俗一点,就是"通过自己的双手去改变社会",这是我的最大动力。我有一个梦想:既然我创办的是一家互联网公司,那这辈子应该至少能有那么一次通过自己的双手创办像 Mercari 那样的大众服务,在日本国内使用人数达 5000 万人,并且可以扩展到国外。

当有人对你说:"请列举 10 个日本的大众服务。"你能马上回答出来吗?你或许只能说出

Mercari、雅虎拍卖、Tabelog、Gurunabi 这几个吧。

诸如照片墙、YouTube、脸书等，它们都是来自美国的服务。在日本，几乎每天都会出现各种新的服务，但很难列举出 10 个日本的大众服务。一般的 App 都很难维持下去，要成功创建大众服务更是难如登天。但是，我仍然抱有这个梦想，就是这辈子能去尝试一次，通过自己的双手创建大众服务。

**结束语**
——钱还远远不够

## 今后仍将继续进行"大跌眼镜"的实验

最近,我从"性善论"和"思考停止"这两个视角观察整个行业,每天都在思考"能创办怎样的服务",并为此兴奋不已。

因为现在的公司名为"BANK",所以我在思考能否从事以"金钱"为主题的相关事业。不过,我想在其他全然不同的领域开展的业务还有很多。不管什么领域,今后我想继续创办令人"大跌眼镜"的服务。汽车共享在 10 年前不被人们理解,CASH 在创建初期也是如此。是否将自己的想法变成自己的事业,我的判断基准之一就是它们"是否令人大跌眼镜",因为"大跌眼镜"就是价值,我想创造出前所未有的东西来,给社会造成冲击,让周围人都觉得"我疯了"。当人们认为这是前所未有的、认为"老板发疯了!"的时候,这样的"实验"才是最有价值的。